经典悦读
系列丛书珍藏版

女性的星空

——恩格斯《家庭、私有制和国家的起源》如是读

陈培永 ◎ 著

SPM
南方传媒

广东人民出版社

· 广州 ·

图书在版编目（CIP）数据

女性的星空：恩格斯《家庭、私有制和国家的起源》如是读／陈培永著. —广州：广东人民出版社，2016.6（2024.4重印）
（经典悦读系列丛书）
ISBN 978-7-218-10842-1

Ⅰ. ①女… Ⅱ. ①陈… Ⅲ. ①《家庭、私有制和国家的起源》—恩格斯著作研究 Ⅳ. ①A811.24

中国版本图书馆 CIP 数据核字（2016）第 091393 号

NÜXING DE XINGKONG——ENGESI《JIATING、SIYOUZHI HE GUOJIA DE QIYUAN》RUSHI DU

女性的星空——恩格斯《家庭、私有制和国家的起源》如是读
陈培永 著

版权所有 翻印必究

出 版 人：肖风华

出版统筹：卢雪华
选题策划：卢家明 曾玉寒
责任编辑：曾玉寒 伍茗欣
封面设计：李桢涛
插画绘图：李新慧
责任技编：吴彦斌

出版发行 广东人民出版社
地　　址：广州市越秀区大沙头四马路 10 号（邮政编码：510199）
电　　话：（020）85716809（总编室）
传　　真：（020）83289585
网　　址：http://www.gdpph.com
印　　刷：广州市豪威彩色印务有限公司
开　　本：787 毫米×1092 毫米　1/32
印　　张：3.875　字　　数：75 千
版　　次：2016 年 6 月第 1 版
印　　次：2024 年 4 月第 7 次印刷
定　　价：20.00 元

如发现印装质量问题，影响阅读，请与出版社（020-85716849）联系调换。
售书热线：020-87716172

目录

导言　我们是"性别盲"吗?   *1*

一、女性是否处于从属地位?   *7*

二、女性为何会有如此境遇?   *23*

三、女性何以能够获得解放?   *46*

四、女性应该期许何种前景?   *64*

结语　如何仰望美丽星空?   *89*

附录　《家庭、私有制和国家的起源》节选   *97*

后记   *115*

导言　我们是"性别盲"吗?

没有人是"性别盲",看不清楚人有男女之分,就是"直男癌",也不会不承认女性的客观存在!

被称为"性别盲"的,是这样的人:在观察社会、思考问题时,主张采取普遍的、一致的标准对所有人一视同仁,实际上忽视了性别之间的差异。被称为"直男癌"的,是这样的人:经常流露出对女性的不满或蔑视,沉浸于大男子主义的自我欣赏和自我封闭中。

一些西方女性主义思想家,认定马克思主义是"性别盲",它只关注到阶级问题,却没关注到性别问题;只考虑到男性无产阶级的解放,却遗忘了还有女性的解放。

美国女性主义者盖尔·卢宾的观点很有代表性:马克思主义作为社会生活的一种理论,对性别问题关注较少。在马克思的社会世界地图上,人类是工人、农民或资本家；他们也是男人和女人则不被看得那么重要。

其实，这完全是误解，马克思、恩格斯虽然没有系统论述女性问题的专著，却对女性问题密切关注，在不同的文本中多次提出自己的见解。正是他们认为，把女性当做共同淫欲的掳获物和婢女来对待，表现了人在对待自身方面的无限的退化。

他们非常认同并不止一次引用早期社会主义者傅立叶的论述：妇女解放的程度是衡量普遍解放的天然尺度。某一历史时代的发展总是可以由妇女走向自由的程度确定，因为在女人和男人、女性和男性的关系中，最鲜明不过地表现出人性对兽性的胜利。

一套致力于人的自由而全面发展、致力于全人类解放的学说，怎么会忽略女性受奴役的问题？怎么可能不去考虑女性的解放呢？

马克思主义绝对不是"性别盲"，更不是"直男癌"！马克思主义给女性主义提供了很多灵感，对女性问题做出了颇多贡献。理论上如此，实践上也是如此！

西方女性主义总是自觉不自觉地从马克思主义

那里寻找理论源泉。中国的马克思主义者一开始就高扬女性解放的大旗,在"夫为妇纲""三从四德"观念统治根深蒂固的古老大地上,掀起了暴风骤雨般的性别革命,让被禁锢了几千年的女性的地位得到了提高!

对马克思主义女性理论做出重要贡献的当属恩格斯,他写就的《家庭、私有制和国家的起源》,对女性从属地位的分析以及对女性解放路径的思考,成为之后许多女性主义者研究的理论起点。

在整个西方传统马克思主义中,马克思的光芒一度遮蔽了恩格斯的风采,马克思被极力推崇,恩格斯的理论贡献却总被有意无意地贬低,甚至成为被批判和攻击的对象,还承担了误读马克思的历史骂名。必须为恩格斯正名,为恩格斯辩护!恩格斯在女性解放问题方面留下的宝贵遗产,产生的持续影响力,就是驳斥攻击他的对手的重要凭据。

重读这个文献,我们还是会发现很多真知灼见,会看到今天社会性别问题的影子,会得到许多关于性别问题的新见解、新启迪。

他绘制了女性地位变迁的历史图景,我们会大开眼界,瞠目结舌。

《家庭、私有制和国家的起源》回答的问题

他剖析了女性处于从属地位的根源，我们会恍然大悟，心服口服。

他预判了未来社会两性关系的前景，我们会有点怀疑，默默期待。

他提出了女性获得彻底解放的理路，指明了人类社会解决性别问题的努力方向。

☞ 经典地位

《家庭、私有制和国家的起源》（以下简称《起源》）写于1884年3月底至5月26日，是恩格斯为实现马克思的遗愿所完成的著作。当时恩格斯在整理马克思的手稿时，发现了马克思于1880—1881年间对美国人类学家摩尔根《古代社会》一书所做的摘要和批语。原来，摩尔根以自己的方式重新发现了唯物主义历史观，在主要观点上得到了与马克思相同的结果，马克思生前打算结合唯物主义历史研究的结论来阐述摩尔根的研究成果。为补偿亡友未能完成的工作，恩格斯利用这些材料完成了《起源》一书。这部文献虽然不是马克思的著作，但马克思的批语被多次引用，因此也可以说是两人共同完成的著作。

《起源》是阐发历史唯物主义基本理论的重要著作，它以宏观的视野阐明了人类社会早期发展阶段的历史，论述了家庭形式的变迁和发展，分析了氏族组织的结构、特点和作用，揭示了国家的起源、发展和消亡的规律，并在女性不平等地位的根源、女性的解放路径方面提出了独到见解。这篇文献被列宁认为"是现代社会主义的基本著作之一，其中每一句话都是可以相信的，每一句话都不是凭空说的，而是根据大量的史料和政治材料写成的"。这篇文献还被看作是马克思主义女性理论的经典著作，受到了西方女性主义者持久而激烈的关注。

一、女性是否处于从属地位?

那种认为妇女在最初的社会里曾经是男子的奴隶的意见,是18世纪启蒙时代所留传下来的最荒谬的观念之一。在一切蒙昧人中,在一切处于野蛮时代低级阶段、中级阶段、部分地还有处于高级阶段的野蛮人中,妇女不仅居于自由的地位,而且居于受到高度尊敬的地位。

1

今天的女性是否处于从属地位?

我想了很久,在从属、屈从、依附、弱势这些词之间打转,最后选择了"从属"这个词,而不是生硬地提问:女性被压迫吗?被剥削吗?被奴役吗?

压迫、奴役、剥削之类的词,会让很多人难以接受，不仅有男性，而且还有女性。这些词会被认为过于沉重，过于敏感，过于煽情，与日常生活不搭调。

即使问是否处于从属地位，这已经算是退一步了，也还是会有很多人不认同。有些人不服，谁敢说女性是从属的，那是以前，现在不一样了，她们已经很有地位了。十年河东，十年河西，社会的天平已经偏向女性，男性才是从属的呢！开玩笑地说，男人并不一定都是领导，但所有女人都能当上领导，只要结了婚，在家里都是"领导"，男人什么事都得汇报！

倒是也有人认同，现在依然是男权社会，女性依然处于从属地位，但女性享受这种不平等带来的感觉，她们已然成为男权社会的拥趸，她们认为男人天生就应该挣钱，女人天生就应该花钱，她们努力维护着这种局面。

有女性确实甘愿享受这种依附，在家做全职家庭主妇、贤妻良母多好，避免职场的争锋，享受避风港的温情，打理好自己，对自己好一点，是多么惬意的事情啊！女性内部已经出现了分裂，以至于当有些女性主义者还在为女权而斗争，还在高喊女性解放的时候，有的女性已经"身在曹营心在汉"。

一切似乎表明，女性地位的问题，本身已经无法达成共识。不争的事实是，女性主义理论在当今社会越来越多，女性追求解放的精神却少了，女性主义的行动甚至还被认为是无理取闹的"行为艺术"，对女权的呼吁甚至被看作是无病呻吟！

在这种社会情境下，我们不禁要问，女性是否已经和男性一样拥有同等的地位？女性和男性的关系是否已经完全合理？

很多具体的事例确实能给出肯定的答案，但更多的事例只能说明还远远不是！我们不能从个别方面看到女性已经优越于男性，就得出整体上女性地位已经与男性平等的结论！我们不能看到女性地位有了很大提升，就认为女性已经完全获得了解放，女性的问题就不再是问题！

我们确实应该尽可能避免用压迫、奴役、剥削这样的词，因为随着人类社会的发展，女性的境遇确实得到了很大程度的改善，女性曾经所受的奴役和压迫已经渐渐褪去。

但女性的从属、屈从、依附地位并没有完全转变，职业选择和竞争、生育抚养孩子、传统性别观念等都还束缚着今天的女性，这是探讨女性问题的前提。如果在这点上都不予以承认，那么探讨女性的问题将没办法开展。

女性的社会地位是相对的，并不是跨时期恒定的，不能固定地、静止地去看，必须具有历史的视野、时间的维度。只有透过人类社会历史的进程，我们才能真正回答：女性的地位究竟如何？女性的地位在不断提高吗？女性地位的提升到此就已经到头了吗？女性的地位还有多少值得提高的空间？

2

不同的历史时期，不同的社会形态，有不同的婚姻形式，不同的家庭形式，不同的男女性关系，因此也有不同的女性地位。学习恩格斯，思考女性地位的问题，就要有这种宏观的视野。

绝对令人大开眼界，令很多人不可思议！人类原始社会曾经盛行杂乱性关系，当时没有婚姻制度之说，性关系毫无限制，部落内部的每个男人和每个女人都可以发生性关系，兄弟姐妹可以互相发生性关系，父母和子女之间也同样如此。

以现在的眼光看，这种行为是性生活的无序和糜烂，是任意的通奸和乱伦，严重违背家庭伦理。所以有思想家总是试图否认人类性生活的这个初级阶段，好像这样做就能使人类社会免去奇耻大辱。但这完全没有必要，恩格斯说得好，"只要还戴着妓院眼镜去观察原始状态，便永远不可能对它有任何理解。"

戴着"妓院的眼镜"，看到的原始性关系当然是混乱的，正如戴着有"色"眼镜看任何人，看到的永远都是"色"的一样。其实，这种性关系在当时并不杂乱，而且是再正常不过的事情，是完全合乎伦理的，因为那个时候还没有禁忌，没有习俗、法律的限制，它之所以被说成是杂乱的，只是因为有了后来的法律规定、伦理规范。

要理解原始性关系，就必须将其放在特定的背景下，不能以今天的道德标准去评判它，或者去否定它的曾经存在。反过来说，今天的道德准则、家庭伦理一旦确立，再去以符合人性的名义，试图赋予自由性爱合法性、合理性，也是令人难以接受的。

一些西方的电影——举两个例子，一部是《黑客帝国》，一部是《香水》——喜欢挑战观众的视觉神经，还原性爱狂欢的场景，并站在正面肯定的立场上，难免让人觉得不可思议。原始状态下的正常性生活，在今天属于限制级，这就是历史变迁的结果。

在杂乱的性关系之后，不同的家庭形式陆续出现了，第一个出现的是"血缘家庭"。它按照辈分来划定夫妻，所有祖父和祖母都互为夫妻，他们的子女即父亲和母亲也互为夫妻，他们的孙子孙女又构成第三个共同夫妻圈。每一代人，都互称兄弟姐妹，也都互为夫妻，都自然而然地可以发生性关系。

这种家庭是婚姻集团，是群婚制，与杂乱性关系不同的地方只在于，它排除了父母和子女之间的性关系。而兄弟姐妹之间依然可以成为夫妻，发生性关系。音乐家瓦格纳在《尼贝龙根》中有句歌词：谁曾听说哥哥抱着妹妹做新娘？马克思给的回答是：在原始时代，姐妹曾经是妻子，而这是合乎道德的。就此而言，仅仅按照今天的状况来写歌，不了解历史的真相，难免会犯常识性的错误。

第二种家庭形式是"普那路亚家庭"。这种家庭形式也是相互的共夫和共妻，若干数目的姐妹是她们共同丈夫们的共同妻子，这些丈夫互称"普那路亚"，即亲密的同伴，只是丈夫中没有她们的兄弟；同样，一列兄弟则跟若干数目的女子共同结婚，这些女子也互称"普那路亚"，这些女子不包括他们的姐妹。

在同一家庭内的姐妹的子女还是互相称为兄弟姐妹，他们与他们母亲的兄弟的子女互相称为表兄弟、表姐妹。这些姐妹称兄弟的子女为内侄、内侄女，这些兄弟称他们姐妹的子女为外甥、外甥女。也就是说，这时才有了我们今天所说的表兄妹、侄子、侄女、外甥、外甥女之分。

普那路亚家庭是群婚的最高发展阶段，它走出的重要一步是禁止了姐妹和兄弟之间的性关系，也就是排除了血缘亲属之间结婚。而兄弟和姐妹间的性关系的禁规一旦确立，以血缘为基础的家庭集团，就开始向以地缘为基础的氏族集团转化，家庭成员就开始成为氏族的成员。

对偶制家庭是第三种家庭形式。在群婚制中，某种或长或短时期内的成对配偶制出现了，一个男子在许多妻子中开始有一个主妻，一个女子在许多丈夫中也开始有一个最主要的丈夫。对偶制家庭已经有了一夫一妻制家庭的形式，但男女之间只是一对暂时松散地结合的配偶，好像是"临时夫妻"一样，本身还很脆弱，很不稳定，婚姻很容易被对方解除。

专偶制从对偶制家庭中产生，这是第四种家庭形式，也就是一直持续到今天的一夫一妻制。与对偶制不同的地方在于，专偶制的男女婚姻关系要牢固得多，受到法律的保护，双方不能任意解除。

可能会有人提出异议，为什么没有一夫多妻制？特别是那些喜欢看历史剧的人都知道，我国历代王朝，可都是允许娶妻纳妾的，都是典型的一夫多妻。为什么恩格斯如此疏忽，会忽略这种家庭形式？

恩格斯当然不可能犯这种错误，在他看来，与普遍的专偶制同时出现的，确实有少数社会成员的一夫多妻，以及极其个别、极其少数女性的一妻多夫。只不过，多妻制和多夫制这两种婚姻形式，只是历史的奢侈品，只能算是例外，它属于特殊的社

走向文明

会成员，没有上升为普遍通行的形式。

想想就知道，如果每个男性都可以多妻，都拥有多妻，女性的数量要多多少倍于男性，那些觉得多妻制是常态的人，是多么的不靠谱！

家庭婚姻的发展就是这样的，最初是群婚制，接着是对偶制，经过漫长的时期才确立了今天的个体婚制。这三种婚姻形式，正对应于三个时代，群婚制之于蒙昧时代，对偶婚制之于野蛮时代，个体婚制对应于文明时代。

人类社会的家庭发展史，原来可以如此简要图绘！

3

伴随着家庭形式的变迁，女性地位也发生了相应的变化。

我们可能会认为，女性地位从古到今是不断得到提升的，以前的女性备受压迫，现在则大为不同。恩格斯通过考察家庭史指出，那种认为女性在最初的社会里曾经是男子的奴隶的意见，是 18 世纪启蒙时代所留传下来的最荒谬的观念之一。

在人类社会最古老、最原始的家庭形式中，在一切蒙昧人中，在一切处于野蛮时代低级阶段、中级阶段、部分的还有处于高级阶段的野蛮人中，女性不仅是自由的，而且还受到高度尊敬。

女性地位不是直线上升，不是越来越高，而是经历了从高到低，再从低到高的转变，呈现的是波折状的发展。而且，我们甚至不能说今天女性的地位比人类社会刚开始时的地位要高。

女性在人类社会早期阶段曾经有过"黄金时代"。与群婚制伴随的是"母权制"，即从母亲方面确认世系，确定继承关系。母权制不是恩格斯的发明，而是前人发现的成果。恩格斯认为用这个词并不是很恰当，因为那个时代还谈不到法律意义上的权利，没有"权"的意识和制度，何谈母权呢？

但恩格斯仍然保留了这一名称，因为母权制至少可以说明女性当时在家庭中的地位。要说明的是，母权制并不表明男性的地位是低下的，是依附的，受到女性的奴役，男女两性并不存在冲突的情况。

采取母权制在当时是必然的，既然是群婚，是杂乱的性关系，那么孩子的父亲就是不能确定的，能够确定的只能是孩子的母亲。母亲把共同家庭的一切子女都叫做自己的子女，对于他们都担负母亲的义务，但仍然能够把她自己亲生的子女同其余一切子女区别开来。这说明，只要采取群婚制，那么世系就只能从母亲方面来确定，女性的地位就必然会得到保障。

当群婚制向对偶婚制转变的时候，女性的地位开始随之降低。在对偶婚制下，虽然是一个男子和一个女子共同生活，但男性的权利越来越广泛，他可以轻易解除婚姻关系，并享有对婚姻不忠的权利，多妻和偶尔的通奸仍然是男子的权利。女性性自由的权利渐渐地被剥夺，女人被要求严守贞操，要是有了通奸的情事，便被残酷地加以处罚。

对偶制向专偶制的过渡以及专偶制的迅速发展，要求废除传统的按母系的继承制度。它冲击并废除了母权制，废除了按女系计算世系的办法和母系的继承权，确立了按男系计算世系的办法和父系的继承权。

这是女性的具有世界历史意义的失败。男女之间的和谐关系被打破，专偶制家庭建立在丈夫的统治之下，在长期的历史阶段，丈夫都是家庭的家长，掌握家庭的权柄，一些妻子则成为男子婚生的嗣子的母亲，他的最高的管家婆和女奴隶的总管。

专偶制只是形式上的，或者说只是对女人的要求，男人依然可以多偶；一夫一妻在开始也只是妻子方面的一夫一妻，而不是丈夫方面的一夫一妻，丈夫甚至有供其支配的女奴隶。一夫多妻制恰恰就是在普遍的专偶制确立之后出现的。

一夫多妻虽然是奴隶制度的产物，是显贵人物的特权，但恰恰反映的是专偶制的虚伪，反映的是女性地位的沦落。一夫多妻是与男性的统治连在一起的，是男权社会的最大表征。它表明群婚时代性关系的相对自由，并没有随着个体婚的胜利而消失，而只是改变了形式，剥夺了女性的自由，保留了男性的自由。

即使在今天，虽然几乎所有国家都从法律上确认了一夫一妻的家庭婚姻形式，但一夫多妻制并没有根绝，还以一定的形式存在着。当我们去谈论某些船王、赌王的几房姨太太，去谈论某些名人的现任和情人之间夺位的花边新闻，去声讨腐败官员有多少情妇时，就应该想到这一点。一夫多妻的观念在一些人的头脑中是根深蒂固的，包养美女是个别官员、老板身份的象征，就是最好的证明。

恩格斯说得够狠的另一个方面就是，专偶制还以通奸和卖淫作为补充。男人在家庭之外用金钱取得女性的性服务，一些女性不得不沦落为性工作者，不得不做拍色情片的女优，这无疑是对现代社会的最大控诉。

在性关系上的不平等只是一个方面。在专偶制的婚姻中，在形式上平等的家庭中，实际上并没有我们想象的那么美好，它掩盖着女性的依附和从属地位，正如恩格斯所指出的：

> 个体婚制在历史上决不是作为男女之间的和好而出现的，更不是作为这种和好的最高形式而出现的。恰好相反。它是作为女性被男性奴役，作为整个史前时代所未有的两性冲突的宣告而出现的。

个体婚制当然是历史的进步，发展到今天更取得了重大飞跃。但它的"出身"本身就是有问题的，它建立在两性冲突、女性被压迫的基础上，直到现在也不能说有了实质性的转变，只能说和以前

在专偶制的婚姻中，在形式上平等的家庭中，
实际上并没有我们想象的那么美好，它掩盖着女性的依附和从属地位。

个体婚制的背后

比有所改善，不能说已经解决。

恩格斯的分析给我们最大的启示在于，我们要善于透过表象看到实质，要看到在男女平等的形式背后，还存在实质上的不平等，性别问题还有很多值得探讨的地方，不能无视当代社会性别之间的实际矛盾、冲突和问题。

二、女性为何会有如此境遇？

在历史上出现的最初的阶级对立，是同个体婚制下夫妻间的对抗的发展同时发生的，而最初的阶级压迫是同男性对女性的压迫同时发生的。个体婚制是一个伟大的历史的进步，但同时它同奴隶制和私有制一起，却开辟了一个一直继续到今天的时代，在这个时代中，任何进步同时也是相对的退步，因为在这种进步中，一些人的幸福和发展是通过另一些人的痛苦和受压抑而实现的。

1

女性为什么会处于弱势地位，是什么原因让女性遭受如此境遇？

对这个问题的分析观点多样，即使在女性主义内部也是如此。关注女性主义的朋友会发现，众多的女性主义者在指认女性受到不公平对待时尚能保持一致，但在分析原因时则很难取得共识。

多种多样的观点无怪乎分为两大类。属于第一大类的可以称为"生理根源论"，认为女性从属于男性是自然属性使然，是女性先天的身体、心理特质导致的。

这种观点在思想史上源远流长，在古希腊大哲学家柏拉图看来，只有男人是上帝直接创造的，完美人性在真正的男人身上才体现出来，而女人是世上作恶多端或胆小怕事的男人退化而来的，本身就低男人一等，因此地位必然是低微的。

亚里士多德与他的老师观点相似，也认为男人天生比女性优越，女人不成熟，缺乏逻辑和理智，所以不能成为公民，不能参政，更加不能谈论哲学。男女关系就像动物中雄性和雌性的关系一样，必然是雄强雌弱，必然存在统治和被统治的关系，雄性统治，雌性被统治。

这种观点在现代社会实际上还有残留，一些人认为，相对于男性，女性体力弱小，感情容易波动，缺少抽象思维能力，缺乏进取心，往往只关心琐碎的事情，而且女人就是女人，必须得生孩子、照顾孩子，谁也没有办法，这是天生的，是无法摆脱的命运，这决定了女性的地位注定无法超越男性。

谁让你是女人呢？下辈子不要做女人！女人如花花似梦！诸如此类的话，是这种观念最好的注解。

属于另一大类的可以称为"社会根源论"，即认为导致女性地位低的原因从根本上说不是自然的或天然的因素，而是社会的因素，男女之间的差异或区分不仅仅是由生理决定的，更重要的是由社会因素决定的。

一些女性主义者明确区分出性别有"生物性别"（sex）和"社会性别"（gender）之分，前者指男女之间的生理差异，后者则指社会化了的关于男性/男性特质与女性/女性特质的差异。

你是女人，从一些生理特征可以看出来，比如说你有乳房，这是生物性别。但如果说你是女人，就应该温柔体贴，应该笑不露齿，应该洗衣做饭，应该显示母性的光辉，应该相夫教子，这里的"女人"就是社会性别，因为它是社会所要求、所规范出来的观念。

对女性主义者来说，自然的差异并不会带来女性的从属地位，因为女性体力上的劣势并没有妨碍她们在特定的社会里从事某些工作，妨碍她们的往往是社会和文化的束缚。女性主义者爱波斯坦就认为：除了性和生育功能外，男女生物上的差别对他/她们的行为和能力几乎没有影响。社会权力的分配对男女所处不同地位不同社会状况的影响，要比他/她们与生俱来的生物性差异的影响大得多。

我们不能否定男女之间存在的自然差异，正如不能否定男人不会生孩子，男人的体力往往比女人强一样。我们也不能认为女性的弱势地位就是天生注定的，就是自然而然的，因为这不能解释群婚制下母权制的曾经存在。我们不能堕入性别的自然主义中，一旦承认了自然如此，也就预定了性别问题的不可解决。

女性作为女性，不仅有自然属性、身体属性，也有社会属性、文化属性。不能抽象地谈论女性和女性的差异，谈论女性地位的弱势，应该把性别问题放在特定的生产关系、社会关系中探讨。

马克思有句很精彩的话：黑人就是黑人。只有在一定的关系下，他才成为奴隶。盖尔·卢宾深受

女性的束缚

启发，用此分析女性的地位：

> 一个顺从的女人是个什么人？她是人类雌性中的一员。可这个解释就跟没解释一样。一个女人就是一个女人。她只有在某些关系中才变成仆人、妻子、奴婢、色情女招待、妓女或打字秘书。脱离了这些关系，她就不是男人的助手，就像金子本身并不是钱……

重要的不是指认一个女人是一个女人，而是搞清楚女性为什么会成为奴婢、色情女招待、妓女或打字秘书，是什么样的关系让女性扮演这样的角色，这才是最重要的。

我们不能改变性别的自然属性，而能改变性别的社会属性，能改变产生性别问题的社会关系。你永远不能改变黑人，但你能够通过改变一定的社会关系而改变他作为奴隶的地位。你永远不能改变女人，但你能够通过改变一定的社会关系而改变女人的弱势地位。

女性处于从属地位，不是固有的，而是生成的，是一定的经济、政治关系导致的。只有考察人类社会不同阶段的经济、政治关系，才能窥探到女性从属于男性的根源。

2

很多人都会说一句话，生产力决定生产关系，经济基础决定上层建筑，以前总觉得说多了，会让人觉得肤浅。现在想清楚，真理性的东西一定是最通俗的深刻，讲这句话没有什么好担忧的，因为它确实能够解释很多社会现象，女性地位的问题也在其中。

女性受制于家庭关系，受制于婚姻制度，受制于一定时代、一定地区的社会制度和意识形态，而这些制度和意识形态归根结底决定于人们直接生活的生产和再生产。直接生活的生产和再生产分为两种：一种是生活资料的生产，即食物、衣服、住房以及为此所必需的工具的生产；另一种是人自身的生产，即人类的繁衍。

人类社会的维系离不开人自身的生产和再生产，人对性和生育的需要，同吃、穿、住的需要一样需要得到满足。那种认为历史唯物主义缺乏性别

女性处于从属地位，不是固有的，而是生成的，是一定的经济、政治关系导致的。

从属的根源

维度的观点是错误的。唯物史观谈生产，谈人自身的生产，性别的问题就自然蕴含其中。如果承认人自身生产的基础性，性别问题也应该被看作是唯物史观基础性的问题。

我们所说的生产有广义和狭义之分，狭义的生产专指前一种生产，广义的生产则包括两种生产。前一种生产靠的是人们的生产劳动，是在社会中进行的活动，是不分性别的生产活动；后一种生产靠的是人们的性别活动，是在家庭中进行的活动，它是分性别的生产，男女所起的作用明显不同。

人类社会的历史进程，起决定性的因素就是这两种生产。很简单的道理，人类社会要延续，就要有人活着并不断繁衍，就必须依靠男女的结合生产出人；人要活下去并有机会繁衍，就必须利用生产工具生产出吃、穿、住等所需要的生活资料。这是任何历史阶段、任何社会都不能不进行的、共同的事情。

只不过，在不同的历史阶段，生产力发展水平不同，生产方式、劳动组织形式不同，男女结合形式、家庭组织形式、婚姻制度也不同。生产劳动形式的变化决定了家庭组织形式的演变，决定了婚姻制度、亲属制度及相关的社会制度的演变，继而也决定了关于性别的政治意识形态、哲学宗教体系及日常生活观念的演变，并最终决定了女性地位的变迁。

家庭、婚姻是一个动态的变化过程，其转变受生产劳动发展阶段的制约。在生产力水平极端低下的原始社会，人们想在恶劣的自然状态中存活下来，就必须以群的联合力量和集体行动来弥补个体自卫能力的不足。杂乱性关系、群婚制家庭形式无疑是最好的选择，共产制家户经济无疑是最佳劳动组织形式，以血族关系为基础的氏族制度也必然是最理想的社会制度。

只要采取共产制家户经济，女性在家庭内的统治地位就是能够确保的。在这种组织形式中，家庭活动本身就是公共事务，所有男女以家庭为单位共同生产、共同分配、共同消费，只存在纯粹自然产生的性别分工。两性之间分工不同，但各自在自己的领域拥有权力，都是自己活动领域的主人。女性料理家务，是家里的主人；男性打猎获得食物，是森林中的主人。男性不会因为在外获得生活资料而获得经济上的统治地位，因为经营家庭的女性也直接生产出生活资料。

随着生产力的发展，越来越多的生活资料被创造出来，多余财产催生了私有制，人们不再需要共产制家户经济来共同生产，于是，共产制家庭解体了，取而代之的是家长制家庭公社。在这种经济单位中，男性取得了对劳动工具的所有权，成为家庭生活资料的所有者，决定了男性在家庭中的统治地位，男人成了"一家之长"。而女性的家庭劳动却变得无足轻重，被排斥在社会生产之外。料理家务失去了它的公共性质，变成了一种私人的服务，与男子谋取生活资料的劳动比起来已经相形见绌，女性的地位自然而然大大降低了。

这种局面直到现在都没有根本转变。现代社会是以个体家庭为分子构成的总体，强化了生产劳动和家庭劳动的区分，在大多数情形之下，男性从事生产劳动，是挣钱的人，赡养家庭的人，女性则往往从事家庭劳动，即使从事生产劳动，也很难成为家庭收入的主要来源，导致女性只能依赖在外工作的丈夫，这就使丈夫自然而然在家庭中占据更为重要的地位。

所以，现代的个体家庭建立在公开的或隐秘的女性的家务奴隶制之上。恩格斯形象地指出：在家庭中，丈夫是资产者，妻子则相当于无产阶级。这种说法可能会遭到某些男同胞的质疑，我们可是乖乖地把工资卡交给老婆的，老婆才真正掌握了家里的财政大权，我们的零花钱都是被控制的，甚至有时候被盘剥到只剩一点。

其实，我们应该很明白，能够成为家庭主导者的，永远是那些挣钱的人。当女性想尽一切办法从男人兜里翻钱的时候，就已经说明她们的弱势了。在现代家庭中，男性把收入交给女性，最多算是对女性在家做更多劳动的安慰和补偿。

现代社会在就业上并没有给女性提供平等的机会，它反对女强男弱、女主外男主内的家庭格局，积极鼓励女性回到家庭。女人就应该像女人，就应该多收拾收拾家，就应该把时间花在打扮穿衣、消费购物上，这样的观念根深蒂固。如果这种局面不能改变，结果只能是强化女性的从属地位。

3

对性别问题而言，生产劳动组织方式起着决定性的、基础性的作用，但并不起着直接性、可见性的作用，直接决定女性地位的是私有制以及与之伴随的阶级对立。

在原始社会的氏族内部，人们依存于"自然形成的共同体的脐带"，没有私有财产，没有阶级，没有统治和奴役存在的余地，女性的地位和男性是同等的，根本不存在性别问题，恩格斯有如此描述：

> 这种十分单纯质朴的氏族制度是一种多么美妙的制度呵！没有士兵、宪兵和警察，没有贵族、国王、总督、地方官和法官，没有监狱，没有诉讼，而一切都是有条有理的。……不会有贫穷困苦的人，因为共产制的家户经济和氏族都知道它们对于老年人、病人和战争残废者所负的义务。大家都是平等、自由的，包括妇女在内。

但随着社会分工和商品交换的出现，财产开始往少数人手里集中，人就有了主人和奴隶、剥削者和被剥削者之分，社会也就出现了阶级对立和阶级冲突。以血族团体为基础的原始氏族社会再也难以维系，被以国家机构维系的阶级社会取而代之。

国家因此不是从外部强加于社会的一种力量，它是社会发展到一定阶段的产物，是出现社会分工、私有制和阶级矛盾之后，为了缓解对立和冲突而被发明出来的东西。有国家这种力量来宣布冲突双方的权利和义务，社会就不会陷入无法解决的自我矛盾中。

国家是文明时代的标志，它的存在本身也恰恰说明文明社会是存在着对立、存在着冲突的社会。国家总是试图缓和文明社会内部的对立，但同时也掩盖着文明社会的对立。

文明社会的对立不仅仅有阶级的对立，还有性别之间的对立，两者在历史上是同时出现的。恩格斯的研究发现，群婚制走向个体婚制是伟大的历史进步，但个体婚制却是同奴隶制和私有制一起出现的，个体婚制的性别压迫是同阶级压迫同时产生的。"Familia"这个词起初并不表示我们今天所讲的含有脉脉温情的家庭，也不表示夫妻及子女等家庭成员，而是表示奴隶。这说明家长制家庭起初就蕴含着阶级压迫和性别压迫。

马克思指明了这一点，现代家庭在萌芽时不仅包含着奴隶制，而且也包含着农奴制，最早的家长制家庭包含着一种经济组织形式，作为自由人的家长强制着农奴去田野耕作，少数人统治着、压迫着一些奴隶。正是在这种阶级压迫中，专偶制家庭的家长任意支配着年轻美貌的女奴隶，而正式的妻子必须容忍丈夫随意纳女奴隶为妾，并要求自己严格保持贞操和对丈夫的忠诚。

家庭中女奴隶的出现，贬低的不仅仅是处在被统治阶级中的女性，还包括同属于统治阶级阵营的妻子。在被统治阶级阵营中的女性成员，不仅忍受着统治阶级成员的压迫，而且也不得不忍受着家庭中丈夫的统治。国家为了维护统治阶级的统治，不仅灌输"君为臣纲""各安天命"这些让被统治阶级接受统治的理念，也灌输"夫为妻纲""三从四德"这些让女性服从的理念。

阶级对立必然伴随着性别对立，反过来说，家

到不了的彼岸

庭中性别的对立也正是整个文明时代不同力量的对立和矛盾的反映。个体婚制是文明社会的细胞形式，根据这种形式，我们可以研究文明社会内部充分发展着的阶级对立和矛盾的本质。

性别压迫从属于阶级压迫，只要还存在阶级压迫，女性就不可能获得她应该获得的地位。因为阶级对立的文明时代，其最根本的表征就是任何进步的同时也是相对的退步，一些人的幸福和发展是通过另一些人的痛苦和受压抑而实现的。

正如它不可能实现普遍的人的自由而全面的发展，只会使一部分人实现自己的自由发展，而且还建立在侵犯别人自由发展的基础上一样，阶级对立决定了不可能实现真正的男女和解，女性要想获得她想要的地位，就必须牺牲男性的权益，结果只能是要么男性统治，要么女性统治。

因此，女性地位的问题，要以解决阶级问题为前提，解决不了阶级问题，也就不可能解决性别问题。

4

完全从生产领域、阶级视角来分析女性地位问题，显然是不够的。恩格斯深谙这一点，他知道性别问题与阶级问题密切相关，但并不是同一个问题，导致女性地位弱势的不仅有生产方式和阶级对立，还有关于性别的制度和观念。

一些西方女性主义者将他的理论发扬光大，她们认识到，只将阶级作为分析女性地位的主要范畴，将会无法分析女性受到的特殊压迫。女性主义理论家凯瑟琳·麦金侬提出的问题是：既然阶级差异是性别压迫的基础，统治阶级又是怎么可能奴役同一阶级的女性呢？如果仅仅是阶级对立问题，工人阶级没有可能奴役统治阶级的女性，资产阶级中的女性按道理不会成为男权社会的受害者。而事实是，男权社会的受害者，不仅仅是工人阶级的女性，而且也包括资产阶级的女性。

在漫长的历史中，女性在中西方的国家里都背负着沉重的负荷，有女性主义者指出：在东方，女人得忍受日本的宽腰带、缅甸的颈环和中国的裹脚带；在西方，女人得穿钢支撑的紧身围腰和鲸骨紧身胸衣。甚至有女性主义者研究发现，在亚马孙河流域和新几内亚高地，当通常的男性威胁机制失效时，经常靠轮奸迫使女人守本分。这些都是经济分析、阶级分析所不能解释的。

结论只能是，在社会阶级统治体制外，还存在着相对独立的性别统治体制，即独立的父权制体制，这是女性与其他群体受到的压迫有所不同的根源所在。

什么是父权制？广义上理解，就是男性借以统治女性的政治、经济、思想尤其是心理结构组成的整个体系，狭义上理解，它仅指以男性为尊的思想观念、意识形态和心理结构。父权制对男性和女性的身体、行为和思想进行了规制性的塑造，形成了一整套的贬低女性、歧视女性的规范性体系，成功将女性置于"第二性"的地位。

女性不是自然的，而是被建构出来的，如何被建构？就是依靠父权制的社会规范。社会预先设定了标准，对女性的身体和气质进行要求，要求女性必须如何才能成为真正的女人，不然的话，就会被

父权制建构的女性观

当成怪物，被社会所蔑视。古代社会的小脚女人，现在的美女、女神，社会不断地重新界定女性美，重新确立对女性之为女性的新规范。今天的时代更是利用商业来运作美女经济，"做女人挺好""女人就应该对自己好一点"等之类的广告词比比皆是，恨不得让女人都去丰胸、减肥和美容。

我们关于性别的观念实际上暗含着对女性的贬低。比如，当我们说男人就应该像男人，性格软弱，就轻蔑地认为他像个"娘们"，长得清秀，就把他称为"伪娘"；看到男孩乖顺听话，就充满忧虑地认为男人越来越缺乏阳刚之气，看到女孩做事利落泼辣，就把她称为"女汉子"；怕老婆的丈夫，被称为"妻管严"，实际上已经假设了男人不应该怕女人，女人应该像绵羊一样逆来顺受。看到美女很能干，赞扬的话却是：本来可以靠脸蛋吃饭的，偏偏还要靠才华！表面上是对女性的欣赏，实际上暗含的是美女就应该靠美貌，要那么多才华干吗啊？

父权制确实能够解释现代社会性别意识存在的问题，但不能就此认为父权制的观念是完全独立的。我们既要看到经济分析法、阶级分析法不能解释一切，阶级问题不能完全涵盖性别问题，也要看到父权制也不能完全解释性别问题，更不能把父权制当成女性从属地位的根本原因。

一些女性主义马克思主义者试图综合两种分析法，认为私有制的经济制度和父权制的家庭制度共同制约着女性地位，女性在当代社会处于依附地位，其原因也正是资本主义与父权制实现了紧密结合。有女性主义者干脆选择"资本主义父权制"一词，强调资本主义阶级结构和性等级结构之间辩证的、相互作用的关系。

资本主义需要父权制的家庭，它要尽可能多地榨取剩余价值，就需要在生产过程中划分等级，制造出低廉的劳动力，在父权制条件下，女性地位低，才能为资本主义生产充当廉价劳动力。父权制也需要资本主义生产方式，在这种生产方式下，只有从事社会劳动的男性才能创造剩余价值，女性的家庭劳动是不创造剩余价值的无酬劳动，这就保障了父权制的物质基础。

将经济分析、阶级分析与性别制度分析结合起来，将生产方式与父权制结合起来，无疑是分析女性地位值得努力的方向，但要将两者的关系明确，不能看作平行的两个要素。

生产方式、私有制、阶级对立决定着性别制度、性别观念，后者归根结底受制于前者，但又有一定的独立性。生产方式的改变，不一定会马上改变性别制度和性别观念，但随着生产方式的变革，随着女性在生产过程中地位的提升，父权制必然会改变。

我们在今天已经看到这种父权制的变化，它与曾经的家长制已经有了明显的进步。恩格斯正确地指出了这一点。

三、女性何以能够获得解放？

在现代家庭中丈夫对妻子的统治的独特性质，以及确立双方的真正社会平等的必要性和方法，只有当双方在法律上完全平等的时候，才会充分表现出来。那时就可以看出，妇女解放的第一个先决条件就是一切女性重新回到公共的事业中去；而要达到这一点，又要求消除个体家庭作为社会的经济单位的属性。

1

女性何以获得解放？如何才能摆脱从属地位？

现代社会借助的途径是依靠政治和法律制度，促进国家法律体系的完善，赋予女性与男性共同的公民权，保障男女同等的政治权利和自由，适当保护女性在某些方面的独特权益。

这是解决女性从属问题的有效路径吗？恩格斯的答案是：是，但还不够。

现代法律体系确实起到了很重要的作用，女性能够公开参与政治社会事务，在家庭中的地位得到明显提升，在工作中不再被公开歧视，享有的特殊权益被切实保护，侵犯女性的暴力行为被严厉打击，这是人类社会历史的伟大进步，不能不给予积极的肯定。

但问题是依靠法律的规范，就能够从根本上解决女性从属地位问题吗？以两性的婚姻为例，按照现代文明国家的法律体系，婚姻如果有效，必须具备两个方面的要求，一是双方必须是自由结合、自愿缔结契约；二是在结婚同居期间，双方在相互关系上必须具有平等的权利和义务。

恋爱、婚姻自由被宣布为人权，是女性和男性都享有的权利，是不能被人强迫、武断干涉的！每一个女性都是自由的，你可以结婚，也可以不结婚，可以选择和这个人结婚，也可以选择和另一个人结婚，只要你是自愿的。婚姻是一种契约行为，是一种法律行为，一旦选择结婚，男女双方就必须遵守法律对两人肉体和精神的规定，必须承认对方和自己平等的权利，承担同等的义务。

就形式上看，如果这两种要求得到实现，女性就有了她们所希望的一切，就可以获得和男性同等的地位。

但纯粹的法律保障是不足以使男女双方在婚姻中得到平等地位的。法律上保障的公平不代表在现实生活中就是公平的，法律给你自由的权利，不代表你在现实生活中就拥有自由；给你公平的权利，不代表你在现实生活中就能得到公平；给你自主的权利，不代表你就能自主地选择与你结婚的人。恩格斯挑明了这个问题：

> 在婚姻问题上，法律，即使是最进步的法律，只要当事人让人把他们出于自愿一事正式记录在案，也就十分满足了。至于法律幕后的现实生活发生了什么事，这种自愿是怎样造成的，法律和法学家都可以置之不问。

不能光看台前，还要看幕后，舞台的光环有可能掩盖幕后的黑暗。法律上保障双方完全平等，现实生活中女性可能依然处于从属地位。在大多数情形之下，男人是挣钱的人，养家的人，是一家之主，因此他自然就有了在家中的统治地位，这种地位无需任何法律保障。法律保障的平等因此总是与实际生活中的不平等并行。

在恩格斯看来，这种状况正是资本主义生产方式的典型特征。法律规定所有人都能够自由支配自己的人身、行动和财产并且彼此权利平等，无论是打工仔还是老板，都没有特权，都不能随意占用别人的财产，侵犯别人的自由。劳动契约只要是劳资双方出于自由意志订立的，双方就会被认为是权利平等的，契约对双方来说就是公平的。

也就是说，这种社会认定，只要法律做出了人人平等的规范，社会中的人就是平等的，社会本身就是公平的，它不管现实经济领域的实际情况，或者明明知道不公平还会公然宣称自由、平等、博爱的实现。

至于本来存在的不同的阶级地位，存在实际的经济地位的差别，存在一方对另一方的压迫，这是与法律毫不相干的，经济地位迫使工人把表面上的平等权利放弃掉，也是与法律无关的。资产阶级和无产阶级只是在法律上享有完全平等的权利，但在现实社会中前者依然还是享有特权。事实说明，仅靠法律保障的平等是不够的，还需要在现实生活中保证，在经济关系中保证。

在性别关系上也是如此，法律条文不能够解决现实存在的问题，即使法律规定男女双方是完全平等的，大部分女性也不可能在现实生活中获得这种平等。如果不解决经济上的从属地位，如果女性自己在经济上不能自主，她们是不可能获得法律规范所保障的权利的，是不可能真正获得她们想要的解放的。

归根结底还是要回到经济领域，回到生产领域，理顺生产关系、经济关系，才能够决定政治法律制度目标的真正实现，这一点是马克思主义最核心的理论逻辑，也是马克思主义批判资本主义、超越自由主义的着力点。

2

实现女性的解放，不仅仅要从完善法律制度、政治制度着手，消除不平等的性别制度，还要寄希

法律条文不能够解决现实存在的问题，即使法律规定男女双方是完全平等的，大部分女性也不可能在现实生活中获得这种平等。

法律保护

望于生产劳动领域的变革，生产关系、生产方式的改变。女性从属地位的解决，要落脚到解决"经济基础"的问题。

你从事的工作，从事的生产劳动，获得的经济收入，决定了你本身的地位。女性解放的第一个先决条件应该是让女性重新回到公共事业中去，让其在生产劳动中扮演重要角色，摆脱其在经济上对男性的依赖。恩格斯的观点是：

> 只要妇女仍然被排除于社会的生产劳动之外而只限于从事家庭的私人劳动，那么妇女的解放，妇女同男子的平等，现在和将来都是不可能的。妇女的解放，只有在妇女可以大量地、社会规模地参加生产，而家务劳动只占她们极少的工夫的时候，才有可能。

女性如果只从事家庭劳动，将注定处于依附地位。女性主义者玛格丽特·本顿通过对资本主义生产方式的考察，从理论上论证了这个观点。在她看来，家庭劳动是前资本主义的幸存物，是生产使用价值的劳动，它不产生剩余价值，所以在资本主义生产秩序中显得无足轻重，从事这种劳动的女性主体就不重要。

如今，主张"女性回家"的观念又重新出现，一些男性（应该也包括女性）的想法是女人就应该待在家里，即使在单位工作也不要太努力、出风头，要把主要精力放在家庭。有些女性更愿意做专职家庭主妇，一些职业女性也表示很羡慕，不用挤地铁，不用朝九晚五，不用看领导的脸色，不用整天想着挣钱，多惬意啊！

对这种现象也有理论的分析，女性主义马克思主义者莉丝·沃格尔认为家庭劳动创造的是使用价值，而不是生产出剩余价值，因此它是非异化的劳动，女性因此在家庭中过着非异化的生活。她的结论出乎很多人的意料：非异化的家务劳动能够预示着未来社会图景的劳动形式，而女性能够以一种独特的批判意识，从自身非异化的劳动经验去批判资本主义的异化劳动，从而形成投身革命最前沿的觉悟和力量。

我们不去分析这个结论，只指出她的分析的不足，那就是她同很多现代女性一样，过于强调外出工作劳动的辛苦，低估了女性家庭劳动的问题和困境。社会劳动是辛苦，但并非家庭劳动就不存在问题，只从事家庭劳动的女性，很容易与社会脱节，缺少精神层面的成就感、价值感，出现心理障碍、社交能力弱等问题。更重要的是，她的经济来源完全依赖于男性，这就使她处于依附地位，个人独立生活的能力弱化。

人是社会的动物，家庭不是女性的全部，如果女性不去从事社会劳动，也就体验不到社会生活的乐趣和价值。现代女性不可能将自己封闭在家庭中，必须从家庭走进社会。现代大工业为女性开辟了参加社会生产的途径，女性有机会参与到社会的生产劳动中，并越来越有机会从事一些专属于女性的高层次工作，越来越有机会获得更高的经济收入，这为女性地位的提升奠定了经济基础。

女性回到公共事业中去，既要从事社会劳动，又要做家庭劳动，会不会遭遇到双重劳动的压力？我在微信朋友圈中看到过来自某位"亲"的"牢骚"：

      俗话说，女人都是水做的。但在现代社

会，不少女人却是钢筋水泥做的！现代女性要想在职场上取得成功，往往要比男性付出更多。她们要照顾好家庭，做好本职工作，又要提防被岁月偷走健康和容光，真正做到"上得厅堂，下得厨房"、家庭和睦、工作显著又自得其乐的女性实在是屈指可数。

确实如此，现代社会，男性比起女性在家庭劳动中投入的精力要少得多。女性在同男性共同从事生产劳动之余，还要更多地参与到家庭劳动中。如何平衡工作和家庭的关系，既在工作中做出业绩，又能照顾好家庭，对职业女性来说确实是很大的挑战。

就此而言，只让女性回到公共事业中去，是不够的，如果不能解决女性双重劳动的问题，女性不但不能获得解放，反而会遭遇到更大的障碍。恩格斯看到了这一点，他认为，女性回到公共事业中，并不是唯一的条件，还要把家庭劳动变成公共劳动，把私人的家务变为社会的事业。

家庭劳动不再是夫妻之间的私事，而是国家、社会的公共事业。从事家庭劳动也就是从事公共事

三头六臂

业,与从事其他社会劳动一样。这就打破了家庭劳动和社会劳动的区分,打破了工作和家庭的区分,也就保障了女性所从事的家庭劳动与生产劳动的平等性。

能够实现这样的局面,有一个很难实现的目标,那就是生产资料社会所有。不是私人占有,不是一个个个体的家庭私人占有,这就要消除个体家庭作为社会经济单位的属性。因为个体家庭作为社会经济单位,也就意味着生产资料的私人占有,意味着有家庭劳动和社会劳动之分,意味着男女分工、男主外女主内的局面不可改变。

恩格斯也承认,这不是一时就能解决的问题,要寄希望于之后的经济社会变革。只有社会生产劳动发生变革,才有可能改变女性的地位,它确实没那么容易实现。但至少我们现在能够做的是,重视女性家务劳动的价值,强调人自身的生产的重要性,尊重女性主体在现代社会生产秩序中的地位。

3

实现社会生产劳动领域的变革,推动生产关

系、社会关系的转变，需要女性主体意识的觉醒、主体行动的实施、主体力量的展示。历史唯物主义既讲客观发展规律，也讲历史主体维度，哲学理念要转化为实践，必须依靠主体力量的中介。

马克思主义哲学之所以不是抽象的，不是纯理论的，就是因为它选择了无产阶级作为自己的代言人，它相信无产阶级能作为自觉的政治主体，无产阶级能通过阶级革命改变人类社会发展的航向，使人类通向理想的未来社会。

但在当今社会，一些人不仅不相信无产阶级，甚至还去质疑阶级理论本身。我们对"阶级"这个词很敏感，甚至过度敏感，它稍微露头，好像就会激发一些人内心的恐惧。它像一个"雷词"，一个语言中的地雷，一碰到它，好像就能引起大爆炸。套用那首叫《勇气》的歌的歌词，谈阶级"真的需要勇气，来面对流言蜚语"。

阶级分析法是马克思主义分析社会的重要方法，无产阶级革命被认为是人类社会通往彻底解放的必然途径，我们不能故意躲避，视而不见，必须做出回应，当务之急，就是理解马克思主义阶级理论的深意。

其中要强调的应该有几点：第一，不是一谈阶级，就要鼓吹阶级斗争，就要怂恿一部分人去革另一部分人的命；第二，无产阶级革命是要让人与人之间的生产关系、社会关系更加公平，生产关系以及其他社会关系没有理顺，阶级问题永远解决不了；第三，身在底层的无产阶级如果没有形成自觉的阶级意识，没有进行统一的阶级行动，没有展示强大的阶级力量，只靠呼吁是不可能实现自己的利益的，是不可能推进社会公平的；第四，革命的目的和结果是阶级的消亡、国家的消亡，是人与人之间不再有阶级之分，这一结果的出现需要漫长的过程，是客观的历史进程，主体力量只能起到推动的作用。

阶级理论对性别理论有借鉴意义，阶级问题的解决与女性问题的解决有相通之处。女性的解放，只靠个别女性主义者的理论研究、只靠少数女性群体的呼吁和"行为艺术"是不够的，它需要整体女性主体意识的觉醒、女性主体行动的开展、女性独特力量的展现，也需要男女两性思想观念的转变，需要男性与女性对相互权利的平等认可。

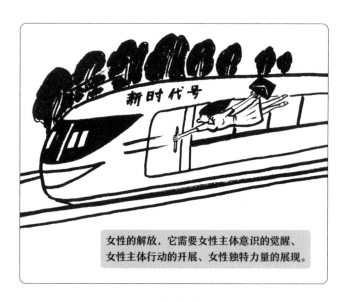

女性主体意识的觉醒

女性的解放，不是针对男性的革命，不是要来一场性别的革命，来一场不是女死就是男亡的斗争，不是将男性打倒在地，实现女性的崛起。女性的解放，是男女两性的解放，是男女对立关系的解决，关键的还是要合理处理性别之间的关系。而性别关系只是人类社会关系的一个方面，没有改变人类社会关系的普遍状况，也就不可能真正理顺男女两性关系。

在存在阶级的资本主义社会，女性根本不可能获得真正的解放。女性要求与男性同等的社会地位，同等的政治权利，而作为社会成员的女性本身就处于被剥削、被压迫的社会地位，女性可以通过运动实现目标，但注定不能改变自己的命运。

性别问题与阶级问题是有共同交叉点的，不解决阶级问题，也就注定不可能解决性别问题，不能实现阶级对立的消亡，就不会真正实现女性的解放。女性努力的目标因此也应包括通过积极行动来推动社会的变革、制度的完善，最终消灭私有制、消灭阶级、消灭国家。

问题的关键是，阶级和国家的消亡，有没有可能？这个问题又重新回到了马克思主义的国家观。我们说，当然有。任何事物都有其产生、发展、灭亡的过程，国家并不是从来就有的，曾经有过不需要国家，而且根本不知国家和国家权力为何物的社会。国家是在经济发展到一定阶段，社会分裂为阶级时才出现的，随着生产发展阶段的演变，随着主体意识的觉醒和主体力量的推动，阶级对立的局面将会消失，作为维系阶级秩序的国家自然也将没有存在的必要。我们可以引用恩格斯的一段话：

> 阶级不可避免地要消失，正如它们从前不可避免地产生一样。随着阶级的消失，国家也不可避免地要消失。在生产者自由平等的联合体的基础上按新方式来组织生产的社会，将把全部国家机器放到它应该去的地方，即放到古物陈列馆去，同纺车和青铜斧陈列在一起。

在新的历史阶段，阶级的消亡、国家的消亡将是历史的必然进程，阶级的问题、性别的问题，应该也包括种族的问题、宗教对立的问题等现代社会中的突出问题都会得到解决。到时候，生产者自由平等的联合体出现了，人的自由而全面的发展实现了，自由、平等、博爱真正地在现实中呈现。

会有人问，自由、平等、博爱，这些不是资产阶级的价值观吗？你是不是写错了？

没有写错。恩格斯给我们科普了，自由、平等、博爱并不是资产阶级革命才出现的，早在原始氏族社会它们就是根本原则，只是没有明确表达出来。资产阶级革命只是使这些信条呱呱坠地，但它们还只是停留在信条上，并没有在社会中真正呈现，而建立在自由平等联合体的基础上的、按新的方式组成的社会，将让它们真正实现。

在今天的中国，有种奇怪的现象，那就是有些人总是选择相信西方的自由、平等、博爱会实现，不把它们当作幻想、当作梦想、当作乌托邦，却把我们所选择的共产主义当作幻想、当作梦想、当作乌托邦、当作不可能实现的社会形态。

这种逻辑让人不解，人类社会分享着共同的价值观念，我们相信别人能实现，为什么不相信自己呢？相信自己的美好，相信自己的未来，有那么难吗？

四、女性应该期许何种前景？

这一代男子一生中将永远不会用金钱或其他社会权力手段去买得妇女的献身；而这一代妇女除了真正的爱情以外，也永远不会再出于其他某种考虑而委身于男子，或者由于担心经济后果而拒绝委身于她所爱的男子。

1

我们应该期许什么样的两性关系前景？如何想象两性关系合理融洽的未来社会？

否定性批判远远比建设性想象容易，合理性建构远远比激进式解构要难。否定了现实存在的社会状况，不代表能够描绘出未来的社会图景。

我们即使认同现实两性关系的不如人意，却不一定能说出如人意的两性关系应该是什么样的。就像我们在生活中经常会碰到的情况，一个人老是说这不行、那不行，让他说个行的，结果发现他也说不出来。

所以，从这个角度可以去质疑一下苏格拉底本人，他总是质疑与他对话的人的判断，却从不做出自己的回答，说好听的是启发别人，说不好听的，他可能知道做出的任何结论都会被人所质疑，所以，他只去质疑而不下定论。

曾经我们对两性关系的设想，是很坚决的，很明确的，那就是"男女平等"。这个口号在人类社会发展史上具有不可忽视的积极意义，它大大改变了人们的思想观念，激发了女性主体的解放意识，冲击了男性中心主义的社会。

时过境迁，今天再讲男女平等，却难以获得当时的认同感了。人们从理念本身做出了反思，男女平等的价值在于让女性享有和男性同等的权利，但它蕴含着以男性特质为价值导向的标准，潜藏着对男性特质的推崇，对女性特质的蔑视。

在历史实践中，男女平等往往沦落成男女同质化、女性男性化、以男性标准来塑造女性。我国20世纪六七十年代的一些口号，比如"时代不同了，男女都一样""男同志能办到的，女同志也能办到"就是典型的表现，能吃苦不怕累、和男青年一样猛打猛冲的"铁姑娘"就是被塑造出来的结果。作家韩少功曾这样描述"铁姑娘"的形象：

> 女生们穿上了这种破棉袄，虽然枕边藏着小说与哲学，但一个个比农民还农民，跳下粪池淘粪，跳到泥水里打桩，把病了的猪仔搂在怀里当宝贝暖着，常常抢着做农民都不愿做的脏活和累活，有一种脏和累的使命感。

这种同质化的男女平等，虽能一时改变人们的性别观念，一时赢来对女性气质的赞誉，一时换来女性地位的提升，但长期忽略女性的生理差异，给女性增添了额外的负担，最终只能稍纵即逝，成为人们的笑谈。相声名家姜昆、李文华有个相声就拿其进行了开涮：

> 姜昆：俺队有个"铁姑娘"，铁手、铁脚、铁肩膀，拳头一攥嘎嘣嘣，走起路来震天响，一拳能把山砸开，一脚能让水倒淌！

李文华：这是大姑娘？

姜昆：这是二郎神。这样的姑娘你敢喜欢吗？

与男女平等不同的有另外一种流行的观念，那就是男女本身就不应该平等，男的把工作干好就行了，女性既要在外工作，又要生养子女，那么辛苦，应该享有更高的地位，得到更多的权利，获得更多的关爱。

这种观念容易走向极端，就是坚决不以男性为标准，完全否定男性特质、男性价值，强调女性气质、女性价值的优越性。有些女性主义者聚焦在对男性主导型社会的批判上，认为当代社会秩序之所以问题频发并陷入难以解决的困境中，其根源就在于世界是由男人主宰的，人类社会要想有更美好的未来，就应该让女性发挥主导作用。

我很惊讶地看到易中天的《世界是女人的》，该文主要观点与一些女性主义的理论不谋而合，很有代表性，不知道这篇文章是否真实反映了他的性别观。他以恩格斯的理论为参照，认为人类社会经历了从原始社会的女权社会（他建议称为母爱社会）

到男权社会的转变，两种社会有着明显的区别：

> 母爱的指向是关怀，靠的是"心"，即"爱心"。男权之标的是占有，靠的是"权"，即"权力"。占有是没有止境的，权力则必定导致斗争。只不过，起先靠武力，是"豪夺"；后来靠智谋，是"巧取"。但无论哪种，背后都是贪婪。

所以，只要是"男权社会"，那就一定虚伪透顶，贪得无厌，还刹不住车。唯一的办法，是返璞归真，回到"母爱社会"。因为母亲是最具牺牲精神和奉献精神的家庭角色，而野心勃勃的男人都想通吃天下，最好自己的老婆是烈女，别人的老婆是淫妇，没有人不想，而是不敢，帝王戏久演不衰就是男人在意淫之中过把瘾。

他的结论是，人类社会的希望在女性身上，世界应该是女人的，由女性来当家，只有在母爱社会中，才有男女两性以及整个社会的良好状态，因为女人都是心疼男人的，男人把权力交出去，女人也不会亏待男人。

很奇怪的是，如此的观点会出自一位备受关注的男性知识分子。更奇怪的是，这样的观点也并没有引起多么大的轩然大波。

我们必须清楚地认识到，认为男性本身存在着根本缺陷，把男性置于女性的对立面，把人类社会的问题都归为男性主导的必然结果，想想都是非常可怕的。认为社会的主导者要么是女性要么是男性，女性的解放就必须获得相对于男性的压倒性优势，是不可取的，在这样的前提下，不可能有两性关系的光明前景。

男女作为两个性别，本身是有生理差异的，应该是各有所长、各有千秋，不能否定一种性别的特质，不能认为男性特质就高于女性，反过来也一样。我们要在尊重自然属性差异的基础上，通过家庭关系、经济关系、社会关系的理顺，实现两性之间的和平、和解与和谐共处。

2

恩格斯对家庭婚姻中的两性关系前景进行了预判，认为婚姻要实现的目标是真正的专偶制、个体

男女搭配

婚制或者说一夫一妻制。在他看来，专偶制在历史上的出现，只是形式上的，并不是实质意义上的，它建立在男性霸权基础上，只是对女性的专偶，而还不是对男性的专偶。虽然一夫多妻制被废除了，但它还以另外的形式存在着，其中最重要的形式就是卖淫。

卖淫有其历史根源，它不是随着人类社会的出现就出现的，在群婚时代，没有婚姻的概念，没有家庭的概念，也就没有卖淫之说。卖淫与专偶制是同时出现的，两者虽然是对立物，却是不可分离的对立物。恩格斯认为，群婚制传给文明时代的遗产是两重的，正如文明时代所产生的一切都是双重的、双面的、分裂为二的、对立的一样：一方面是专偶制，另一方面则是淫游制以及它的最极端的形式——卖淫。

卖淫起源于古代的淫游制，淫游最初是一种宗教行为，在古希腊、希腊殖民地以及印度的神庙，有一些女庙奴或宗教舞女，为金钱而献身，与人发生性关系，所得的钱都归于神庙的财库。一些民族的风俗习惯，允许女性在婚前有性的自由，也是淫游的体现，显然淫游是群婚制的残留。

随着私有财产、雇佣劳动的出现，淫游制转变为公开的卖淫。在奴隶劳动条件下，女奴隶本身就为男主人所拥有，她们的献身是被强制的。在雇佣劳动条件下，相对自由的女性，以献身来换取经济收入，构成职业卖淫。

在雅典的全盛时期，广泛盛行受国家保护的卖淫。对卖淫行为，统治者总是乐于实行，希腊女性超群出众的品行，正是在卖淫的基础上发展起来的，她们由于才智和艺术上的审美教养而高出一般水平。所以，恩格斯说，要成为妇人，必须先成为淫游女，这是对雅典家庭最严厉的判决。

专偶制发展了那么多年，竟然没有使卖淫灭绝，卖淫竟然还坚挺地存在着。到了资本主义社会，商品生产发达起来，卖淫反倒增加到前所未闻的程度。卖淫获得了更大的发展空间，变得再正常不过，变得更为露骨、更为公开，发挥的腐蚀作用也更大。恩格斯用了很长的一段话来讲述：

自古就有的淫游制现今在资本主义商品生产的影响下变化越大，越适应于资本主义商品生产，越变为露骨的卖淫，它在道德上的腐蚀作用也就越大。而且它在道德上对男子的腐蚀，比对妇女的腐蚀要厉害得多。卖淫只是使妇女中间不幸成为受害者的人堕落，而且她们也远没有堕落到普通所想象的那种程度。与此相反，它败坏着全体男子的品格。

社会主义者倍倍尔甚至认为，卖淫正像警察、常备军、教会和企业一样是资本主义社会的一种必要的社会制度。婚姻是资本主义世界性生活的一个方面，卖淫是另一个方面。婚姻是奖牌的正面，卖淫是奖牌的反面。

马克思、恩格斯也曾经批判，资产阶级撕下了罩在家庭关系上的温情脉脉的面纱，把这种关系变成了纯粹的金钱关系，使这种关系在形式上与卖淫一样，都是用金钱购买到女性的献身。只不过在婚姻中，妻子和普通娼妓的不同之处，在于她不是像雇佣女工做计件工作那样出租自己的身体，而是把身体一次永远出卖为奴隶。

与女性的卖淫伴随的，还有妻子的通奸。丈夫能购买到其他女性的性服务，妻子则同样会给其报复。面对有人以"共产共妻"来污蔑共产主义，马克思、恩格斯做出了批驳，指出共产党人不需要主张实行公妻制，因为公妻制实际上就存在于资产者的家庭中，资产阶级的婚姻实际上是公妻制。资产者不满足于无产者的卖淫，他们还要玩有钱人的游戏，去互相诱奸妻子，并以其作为最大的享乐。

两性婚姻关系的理顺，需要消除卖淫行为，卖淫行为的存在决定了不可能有融洽的男女关系。卖淫行为满足了男性的性行为，延续了男性的性自由，使男性在专偶制中还享受着"多妻制"，它建立在对女性的侮辱上，在家庭外部是对卖淫女的侮辱，在家庭内部则是对妻子的侮辱，给性别关系抹上了厚厚的阴影。

现代社会并没有表现出强烈的谴责，一些人没有把卖淫当作深恶痛绝的事，反而认为卖淫不仅是可以容忍的坏事，而且是不可缺少的坏事。就此我们可以理解，"东莞扫黄"这样的事件发生的时候，竟然有人发出"东莞，挺住"这样的声音。

社会对卖淫的现象总体上还是宽容的，而且，相对于对卖淫女的严厉批判，对男性的出轨则表现出更多的宽容。这一点，恩格斯实际上早就观察到了：凡在妇女方面被认为是犯罪并且要引起严重的

谁来救我

法律后果和社会后果的一切，对于男子却被认为是一种光荣，至多也不过被当做可以欣然接受的道德上的小污点。

残酷的事实是，卖淫、通奸以及它的各种形式直到现在都没有削弱的迹象，反而大有增长之趋势。笑贫不笑娼的观念受到推崇，有些所谓的男士精英以有多少情妇、获得了多少女性的青睐为豪，一些女性享受从性交易中获得高收入，不以"小三"的身份为耻。这些现象足够说明，男女两性关系的前景发展还需要摒弃很多的腐朽观念。

☞ 当代回响

卖淫是人类社会无法割除的毒瘤吗？

一直以来，卖淫和腐败，都是人类社会的"暗黑之地"，但又是任何社会必然会长的无法割除的毒瘤，人们似乎也已经见怪不怪了，安然地认可了它们的不可根除性。

倍倍尔在《妇女与社会主义》一书中，考察了从古至今人们对待卖淫的态度，他引用了大量各界知名人士对卖淫现象的评论，看后不免让人对这些人"横眉冷对"。

在古希腊和罗马，卖淫由国家组织，被认为是必要的制度。在中世纪，基督教对卖淫也是无可奈何，传播禁欲主义的圣·奥古斯丁禁不住说出：假如废除公娼，性欲的力量将毁坏一切。托马斯·阿奎那则认为：城市的卖淫如同宫殿中的阴沟，堵塞阴沟，宫殿便会成为臭不可闻之地。

到了现代，随着人类社会文明的进步，卖淫行为应该被否定了吧，但远远不是如此，一些人的说法依然是：随着文明进步，卖淫将逐渐以适当形式隐蔽进行，但不到世界末日，它是不会从地球上消失的。

还有人厚颜无耻地说道：妇女卖淫在地球上的任何时代、任何民族那里都存在，是不能根除的，这是因为卖淫是为性交服务的，它完全来源人的天性；同时又因为在很多情况下可以把卖淫看作是某些妇女天生的缺点。正如同在一个民族中常常会有天才也有白痴，有巨人也有矮子和其他一些畸形的人一样，由于生育的戏弄，也生出一些要去卖淫的变态者。

卖淫真的是人类社会没有办法割除的毒瘤吗？我们先来总结一下认为不能根除的原因：

第一，性欲是人天生的欲望，同吃饭、睡觉一样，人也有对性的欲求，这是任何时代都没办法扼杀的，是必须承认的。

第二，卖淫是一种性交易，而人有性自由的权利，可以自由选择与别人进行性交易，只要双方是自愿的，与谁发生性关系就不能被干涉，这符合市场交换原则。如果强行干预公民的性交易权利，也就是侵犯公民的人格尊严权利。

第三，当然最无耻的原因，是认为某些女性天生就贱，自甘堕落，天生就不守妇道，他们喜欢通过与不同的人发生性关系来寻求刺激。

这些观点，经过认真分析会发现，是站不住脚的。我们说，食色，性也，人有对性的要求，这是正常不过的事情。但正如你有吃的要求，去吃是合理的，并不说明你可以不择手段去偷、去抢吃的；你有性的需求，满足性欲是合理的，并不说明你就可以通过购买性服务等方式去满足性的欲望。

人之为人，与动物满足欲望的方式不同，可以不受任何规制，采取一切方式，人总是要受到社会的限制，在法律道德规范下去满足自己的欲望。只要是人类社会，就必然要规制人的无止境的欲望，包括性欲。

况且，人的性的满足不一定要靠性交易、靠卖淫，婚姻、家庭已经提供了合法合道德的途径和方式。以人的欲望为借口，认为卖淫是不能根除的，是纵欲的表现，是对社会规范的侵犯，也是对人之为人的侵犯。

市场经济、市场交换是承认，人都有支配自己的身体、财产的权利，但人是有底线的，并不是说任何东西都可以拿来卖，都可以进行交易，拿性进行交易就是被禁止的。人是有自由的权利，人的自由权利也必须被保障，但性交易不是人的自由权利的体现，而恰恰是对部分女性的自由权利的侵犯，是对其人格尊严本身的侮辱。

那些认为女性自甘堕落而从事卖淫的人，更是不负责任的。试问，如果自己的生活有所保障，有光明的工作前景，有谁愿意去做法律上禁止、道德上又谴责的事情呢？那些卖淫女除了个别不幸失足外，往往都是受害者，被生活所迫，迫不得已做出了选择，对其应报以必要的同情，而不是武断地谴责和谩骂。过多的道德上的谴责不利于解决问题，反而会找不到病因，从而拖延事情解决的进度。

对待卖淫，马克思主义反对简单从人的某种行为、某种思想观念去看，反对从人的欲望、人性的角度去看，因为这样去看，根本无助于解决卖淫问题本身。马克思主义将其看作一种社会现象，从社会问题的角度和从社会发展的角度去思考。

我们要认识到，卖淫是一种关系，这种关系不仅包括卖淫者，而且包括逼人卖淫者，逼人卖淫者的下流无耻尤为严重。卖淫者之所以成为卖淫者，背后总有用钱使其献身的人，总有组织其卖淫、逼其卖淫的人。

作为社会阴暗面的卖淫问题，恰恰是社会有问题、社会有缺陷的表征。不要怪某些从事性交易的女性，甚至也不要怪某些购买性服务的男性，要怪的是社会的不够完善，社会还存在着不公平的生产关系、扭曲的社会关系，存在着不完善的政治法律制度。

社会关系塑造人。不要从抽象的、永恒的人的

不要从抽象的、永恒的人的所谓恶的本质看人，
应该从社会关系、生产关系看人，
不要相信人永远是恶的、卑鄙的、贪婪的、纵欲的，
要多从社会发展的角度，多从改变社会关系的角度思考。

人性的诱惑

所谓恶的本质看人，应该从社会关系、生产关系看人，不要相信人永远是恶的、卑鄙的、贪婪的、纵欲的，要多从社会发展的角度，多从改变社会关系的角度思考。与其大骂人性的欲望、人性的黑暗，还不如追求社会的改变！

最重要的是，我们不能看到人性的黑暗，看到社会的阴暗面，就放弃对人类社会美好未来的希望。一个伟大的思想家，即使他看到了人性的黑暗，他也不会放弃对美好未来的期冀，他会在黑暗中寻找光明。

3

男女两性的婚姻，仅消除卖淫这一伴生物，还是不够的，未来的婚姻将会迎来华丽的转变。婚姻将是建立在现代爱情基础上的婚姻，它不是权衡利害的婚姻，不是考虑阶级地位的婚姻，不是考虑财产利益的婚姻，不是由父母包办而是由自己自由选择的婚姻。

摆脱利益、财产、金钱对婚姻的影响，并不是件容易的事情。占有更多财富的贪欲已经侵入人类社会的每一个角落，也侵入男女两性的婚姻里。正如恩格斯所说：财富，财富，第三还是财富，不是社会的财富，而是这个微不足道的单个的个人的财富，这就是文明时代唯一的、具有决定意义的目的。

未来的婚姻将真正摆脱利益、贪欲的支配，当事人双方的相互爱慕会高于其他一切要素成为婚姻的基础。恩格斯做出了大胆的断言：

> 这一代男子一生中将永远不会用金钱或其他社会权力手段去买得妇女的献身；而这一代妇女除了真正的爱情以外，也永远不会再出于其他某种考虑而委身于男子，或者由于担心经济后果而拒绝委身于她所爱的男子。

没有爱情，就没有婚姻，男女的婚姻、家庭完全建立在爱情的基础上。男性不会用金钱、权力等手段去占有女性，女性不会受财产所羁绊，不会为金钱而献身，她不是只考虑男人是否有钱、有车、有房，而不管他有多大年纪，她不是为了嫁给有钱人而结婚，不会选择"宁在宝马车上哭，也不在自

爱情是婚姻要素

行车上笑"。

婚姻得以建立的决定性因素,完全是男女现代意义上的个人性爱。历史上的和现有的专偶制根本不是个人性爱的结果,不是因为两个人完全相爱,爱得死去活来,一生只爱她一个,才选择了只同一个人结婚。这种专偶制只是给过去的世界所不知道的现代个人性爱的出现创造了条件。

在恩格斯看来,中世纪以前,是谈不到个人的性爱的。虽然形体的美丽、亲密的交往、融洽的性情等等,都曾引起异性对发生性关系的热望,但这距离现代的性爱还很远很远。古代所仅有的夫妇之爱,并不是主观的爱好,而是客观的义务;不是婚姻的基础,而是婚姻的附加物。古代真正的性爱往往是在婚姻之外,在夫妇之外的人身上发生。

第一个出现在历史上的性爱形式,表现为双方都能享受到的热恋,表现为性的冲动的最高形式,是中世纪的那种骑士之爱,是骑士睡在他的情人,即别人的妻子的床上。这种力图破坏婚姻的爱情,转变成为婚姻基础的爱情,有一段漫长的路程。而未来将出现的现代的个人性爱,夫妻间的个人性爱,同古代人单纯的性要求,同情欲,是根本不同的，恩格斯总结了三个方面：

第一，性爱是以所爱者的对应的爱为前提的，女性处于同男子平等的地位。第二，性爱常常达到强烈和持久的程度，如果不能结合而彼此分离，对双方来说即使不是一个最大的不幸，也是一个大不幸；为了能彼此结合，双方甘冒很大的危险，甚至拿生命孤注一掷。第三，对性关系的评价，产生了新的道德标准，人们不仅要问它是婚姻的还是私通的，而且要问它是不是由于爱和对应的爱而发生的？

符合这三个条件的才是真爱。现代的个人性爱，是平等之爱，是炽热之爱，是持久之爱，是相互之爱，是责任之爱，也是自由之爱。真正的婚姻，必须建立在这种现代性爱的基础上，否则就将名存实亡，就不再是值得期许的，就是可以终结并重新开始的。恩格斯有段非常精彩但又容易引起争议的话：

> 如果说只有以爱情为基础的婚姻才是合乎道德的，那么也只有继续保持爱情的婚姻才合乎道德。不过，个人性爱的持久性在各个不同的个人中间，尤其在男子中间，是很不相同

的，如果感情确实已经消失或者已经被新的热烈的爱情所排挤，那就会使离婚无论对于双方或对于社会都成为幸事。只是要使人们免于陷入离婚诉讼的无益的泥潭才好。

有些人质疑，这会不会为某些男人的不负责任做好铺垫? 会不会为某些人的婚外恋、某些人的见异思迁提供合法性? 会不会产生随便的性关系? 会不会出现对处女的荣誉和女性的羞耻更加马虎的社会舆论? 如果一个男人忽然对他的妻子说: 我不爱你了，我爱上别人了，他是否就可以光明正大地离开? 如果一个男人发现爱情不断消失，他是否可以一次又一次地选择离婚?

如果婚姻真的建立在现代性爱的基础上，那么这些质疑都是不成立的。离开恩格斯所说的未来婚姻，就不可能理解他所讲的离婚。他当然反对离婚问题上的轻率，反对过度的性开放，反对不负责任的离弃，他要强调的是婚姻一定是可解除的，男女一定要在婚姻中感受到现代性爱的美妙，感受到家庭生活的幸福和喜悦。

男女两性的婚姻，始终要以爱情为基础，以现代性爱为基础。那种真爱，那种纯爱，那种只有在诗歌中才有的爱，在未来婚姻家庭中将成为现实。而这正是马克思主义预判的未来理想社会，也就是共产主义社会的重要构成部分。

这种真爱、纯爱的婚姻如何描绘？我忽然发现，我的语言是贫乏的，我只能用古老的诗歌，来感受那种意境：

上邪，

我欲与君相知，

长命无绝衰。

山无陵，

江水为竭

冬雷震震，

夏雨雪，

天地合，

乃敢与君绝！

结语　如何仰望美丽星空?

读了哲学很长时间后，仰望星空，成为我最喜欢思考的问题!

我甚至认为，哲学就是"星空学问"，就是教给我们学会欣赏星空的美丽，学会对崇高的事物充满敬畏，学会在残缺现实中永不放弃希望的空间。

仰望星空，绝对不是去数星星，数来数去数不完，把自己搞晕，而是为了反观人自己的生活和人所生存的社会，更透彻地思考人类社会的过去、现在和未来。如果只抬头望天，不关照真实的人生和现实的社会，哲学就很容易沦为曲高和寡的自说自话。

仰望星空意味着对美好的渴望，对理想的追求，但也同时意味着现实社会的不够美好、不够理想，我们没那么容易在现实社会中呈现美景、呈现崇高、呈现神奇，所以才会仰望、感叹、羡慕遥远的星空。每一次对星空的仰望，实际上包含着多少的无奈啊！

作为人类社会的个体，我们都渴望看到人类社会最完美的一面，没有剥削、没有压迫、没有杀戮、没有腐败、没有欺骗、没有伤害，没有那些我们不想有的所有一切。但现实似乎总在告诉我们，现实之"有"和渴望"没有"，正好构成社会的两面，如果没有了这些我们不想有的东西，也就没有了社会。

我不能想象天生就坏、就恶、就卑鄙的人，我们都是好人，或者本来就是好人，或者曾经是好人，或者以为自己是好人，我们都想生活在和谐、幸福、美好的社会状态下，但我们这些"好人"所构成的社会，为什么却总是存在剥削、存在压迫、存在杀戮、存在腐败、存在欺骗、存在伤害呢？

我也不能想象人会没有爱，男人会没有爱，他们都爱自己的妻子，心疼自己的女儿，孝敬自己的母亲，但这些爱自己的妻子、女儿、母亲的男性所构成的社会，为什么却始终不能解决拐卖妇女、包养小三、玩弄女性、奸淫女童、歧视女人、虐待父母、卖淫纳妾这些丑恶或者不正常的现象呢？

回到马克思、恩格斯不止一次引用过的那句话：在女人和男人、女性和男性的关系中，最鲜明不过地表现出人性对兽性的胜利。

每每读到类似的语句，我都会有种被震撼的感觉，只是每次震感不同，有时强，有时弱。他们是犀利的思想家，是冷峻的思想家，总会一针见血地把问题说出来，说得那么狠，那么彻底，那么不留情面！

在人身上，真的有兽性的一面吗？兽性内在于人之中吗？我们说，人是动物，一种高级的动物，这是否就意味着人除了有高级的人性之外，还有动物的兽性？兽性在现代文明社会真的远离了人了吗？它是否只是远离了社会的某些公共空间，在若干隐蔽的黑夜还会时不时冒出？

我们不能过于悲观，人类文明确实在不断地抹去非人的一面，社会越来越显现出光明、美好的一面，两性关系就是很好的体现。

曾经这些观念被认为是理所当然的：女人生来就是比男人低一等；女人和奴隶一样不配称为公民；女人嫁鸡随鸡，嫁狗随狗，不能离婚只能被休；男人三妻四妾，女人却只能共侍一夫；男人在

人类文明确实在不断地抹去非人的一面，社会越来越显现出光明、美好的一面，两性关系就是很好的体现。

人性战胜兽性

外风花雪月，女人只能在家独守空房；等等。女性和男性一样，明明同是社会的成员，却硬生生地被降格、被奴役、被压制、被欺凌。

在今天，女性的解放获得了前所未有的进展，女性受到前所未有的承认和尊重，男女平等不再被人公开反对，女性在家庭、社会中的地位大大提升，女性与男性的关系更加和谐融洽。这是历史的进步，社会的美好，人类的升华。

在女性解放过程中，我们看到人性的光辉，看到人性的胜利！女性的彻底解放，意味着人类社会将迎来美丽的星空，意味着人类社会的美好理想将终于有机会照进现实。

但道路是漫长的，我们还要走很长的时间！

男女之间的关系问题到现在依然是一个充满争论的问题。再小的问题也很难达成共识，任何的结论似乎都会被质疑，一些女性认为可行的策略，可能会被另一些女性认为是妥协、臣服或者投降。

我和你，男和女，如此简单的问题，但也因此是复杂的问题。辩证法的道理往往是这样，越是简单的，就越复杂；越是复杂的，就越简单。

这足以证明，男女关系的理顺之路，女性的解

仰望美丽星空

放之路，需要多种要素的满足才能实现。既要有生产劳动的变革、生产方式的改变、生活条件的保障，也要有政治制度的健全、法律体系的完善、平等公民权的保障，还要有社会意识、文化心理、思想观念的重新塑造，必须全盘推进，少了任何一环都是不够的。

不积跬步，无以至千里；不积小流，无以成江海。当下的我和你，男和女，需要走出跬步，需要成为小流，需要共同努力。我们要认识到，女性的解放不仅仅是女性的问题，而且是所有男女的问题，正如女性头顶上的星空，一定是所有男女的星空。女性的星空璀璨，并不意味着男性的星光暗淡！真正的女性解放，绝不意味着男性地位的沦落！真正的女性解放，就是人类社会的解放，也就是普遍的人的解放，也就是人性的胜利！

女性处于从属地位，并不是男性使其处于从属地位，而是因为我们的各种关系没有被我们理顺，因为我们在自己构成的社会中失控，每一对男女在性别关系中失控。人没有真正掌控自己的社会，男人和女人没有掌控自己的命运。

未来的社会是属于男女两性的社会，不是某个性别强势、某个性别被压制的社会！未来的社会是消除阶级对立、消灭性别对立的社会，是阶级问题、性别问题不再是问题的社会，是女性与男性有机会和谐共融的、满满的都是爱的社会！

我们仰望星空，要相信可以改变，未来可以更好！我们完全可以预期一个美好的未来！到时候，我们将不需仰望星空的美妙，我们身处的社会就已经妙不可言！

附录　《家庭、私有制和国家的起源》节选

　　只有在被压迫阶级中间，而在今天就是在无产阶级中间，性爱才成为而且也才可能成为对妇女的关系的常规，不管这种关系是否为官方所认可。不过，在这里，古典的专偶制的全部基础也就除去了。在这里没有任何财产，而专偶制和男子的统治原是为了保存和继承财产而建立的；因此，在这里也就没有建立男子统治的任何推动力了。况且，在这里也没有达到这个目的的手段：维护男子统治的资产阶级法律，只是为了维护有产者和他们同无产者的相互关系而存在的；它是要花费金钱的，而因为工人贫穷的缘故，它对于工人同他的妻子的关系就没有效力了。在这里，起决定作用的完全是另一种个人的和社会的关系。此外，自从大工业迫使妇女从家庭进入劳动市场和工厂，而且往往把她们变为家庭的供养者以后，在无产者家庭中，除了自专偶制出现以来就蔓延开来的对妻子的野蛮粗暴也许还遗留一些以外，男子统治的最后残余也已失去了任何基础。这样一来，无产者的家庭，甚至在双方都保持最热烈的爱情和最牢固的忠实的情况下，

并且不管有可能得到什么样的宗教的和世俗的祝福，也不再是严格意义上的专偶制的家庭了。所以，专偶制的经常伴侣——淫游和通奸，在这里只有极其微小的作用；妻子事实上重新取得了离婚的权利，当双方不能和睦相处时，他们就宁愿分离。一句话，无产者的婚姻之为专偶制，是在这个名词的词源学意义上说的，决不是在这个名词的历史意义上说的。①

诚然，我们的法学家认为，立法的进步使妇女越来越失去申诉不平的任何根据。现代各文明国家的法律体系越来越承认，第一，为了使婚姻有效，它必须是一种双方自愿缔结的契约；第二，在结婚同居期间，双方在相互关系上必须具有平等的权利和义务。如果这两种要求都能彻底实现，那么妇女就有了她们所能希望的一切了。

这种纯法律的论据，同激进的共和派资产者用来击退和安抚无产者的论据完全一样。劳动契约据说是由双方自愿缔结的。而只要法律在字面上规定双方平等，这个契约就算是自愿缔结。至于不同的阶级地位给予一方的权力，以及这一权力加于另一方的压迫，即双方实际的经济地位——这是与法律毫不相干的。

---

① 以下直到"现在让我们再回过来谈摩尔根吧"（本卷第97页）以前是恩格斯在1891年版上增补的。——编者注

在劳动契约有效期间，只要此方或彼方没有明白表示放弃，双方仍然被认为是权利平等的。至于经济地位迫使工人甚至把最后一点表面上的平等权利也放弃掉，这又是与法律无关的。

在婚姻问题上，法律，即使是最进步的法律，只要当事人让人把他们出于自愿一事正式记录在案，也就十分满足了。至于法律幕后的现实生活发生了什么事，这种自愿是怎样造成的，法律和法学家都可以置之不问。但是，最简单的法制比较，在这里也会向法学家们表明，这种自愿究竟是怎么一回事。在法律保证子女继承父母财产的应得部分，因而不能剥夺他们继承权的各国——在德国，在采用法国法制的各国以及其他一些国家中——，子女的婚事必须得到父母的同意。在采用英国法制的各国，法律并不要求结婚要得到父母的同意，在这些国家，父母对自己的财产也有完全的遗赠自由，他们可以任意剥夺子女的继承权。很明显，尽管如此，甚至正因为如此，在英国和美国，在有财产可继承的阶级中间，结婚的自由在事实上丝毫也不比在法国和德国更多些。

男女婚后在法律上的平等权利，情况也不见得更好些。我们从过去的社会关系中继承下来的两性的法律上的不平等，并不是妇女在经济上受压迫的原因，而是它的结果。在包括许多夫妇和他们的子女的古代共产制家户经济中，由妇女料理家务，正如由男子获得食物一样，都是一种公共的、为社会所必需的事业。随着家长制家庭，尤其是随着专偶制个体家庭的产生，情况就改变了。料理家务失去了它的公共的性质。它与社会不再相干了。它变成了一种私人的服务；妻子成为主要的家庭女仆，被排斥在社会生产之外。只有现代的大工业，才又给妇女——只是给无产阶级的妇女——开辟了参加社会生产的途径。但在这种情况下，如果她们仍然履行自己对家庭中的私人的服务的义务，那么她们就仍然被排除于公共的生产之外，而不能有什么收入了；如果她们愿意参加公共的事业而有独立的收入，那么就不能履行家庭中的义务。不论在工厂里，或是在一切行业直到医务界和律师界，妇女的地位都是这样的。现代的个体家庭建立在公开的或隐蔽的妇女的家务奴隶制之上，而现代社会则是纯粹以个体家庭为分子而构成的一个总体。现今在大多数情形之下，丈夫都必须是挣钱的人，赡养家庭的人，至少在有产阶级中间是如此，这就使丈夫占据一种无须任何特别的法律特权加以保证的统治地位。在家庭中，丈夫是资产者，妻子则相当于无产阶级。不过，在工业领域内，只有在资本家阶级的一切法定的特权被废除，而两个阶级在法律上的完全平等的权利确立以后，无产阶级所受的经济压迫的独特性质，才会最明白地显露出来；民主共和国并不消除两个阶级的对立，相反，正是它才提供了一个为解决这一对立而斗争的地盘。同样，在现代家庭中丈夫对妻子的统治的独特性质，以及确立双方的真正社会平等的必要性和方法，只有当双方在法律上完全平等的时候，才会充分表现出来。那时就可以看出，妇女解放的第一个先决条件就是一切女性重新回到公共的事业中去；而要达到这一点，又要求消除个体家庭作为社会的经济单位的属性。

————

这样，我们便有了三种主要的婚姻形式，这三种婚姻形式大体上与人类发展的三个主要阶段相适应。群婚制是与蒙昧时代相适应的，对偶婚制是与野蛮时代相适应的，以通奸和卖淫为补充的专偶制是与文明时代相适应的。在野蛮时代高级阶段，在对偶婚制和专偶制之间，插入了男子对女奴隶的统治和多妻制。

以上全部论述证明，在这种顺序中所表现的进步，其特征就在于，妇女越来越被剥夺了群婚的性的自由，而男性却没有被剥夺。的确，群婚对于男子到今天事实上仍然存在着。凡在妇女方面被认为是犯罪并且要引起严重的法律后果和社会后果的一切，对于男子却被认为是一种光荣，至多也不过被当做可以欣然接受的道德上的小污点。但是，自古就有的淫游制现今在资本主义商品生产的影响下变化越大，越适应于资本主义商品生产，越变为露骨的卖淫，它在道德上的腐蚀作用也就越大。而且它在道德上对男子的腐蚀，比对妇女的腐蚀要厉害得多。卖淫只是使妇女中间不幸成为受害者的人堕落，而且她们也远没有堕落到普通所想象的那种程度。与此相反，它败坏着全体男子的品格。所以，举例来说，长期的未婚夫状态，十有八九都是婚后不忠实的真正的预备学校。

但是，我们现在正在走向一种社会变革，那时，专偶制的迄今存在的经济基础，正像它的补充物即卖淫的经济基础一样，不可避免地都要消失。专偶制的产生是由于大量财富集中于一人之手，也就是男子之手，而且这种财富必须传给这一男子的子女，而不是传给其他人的子女。为此，就需要妻子方面的专偶制，而不是丈夫方面的专偶制，所以这种妻子方面的专偶制根本不妨碍丈夫的公开的或秘密的多偶制。但是，行将到来的社会变革至少将把绝大部分耐久的、可继承的财富——生产资料——变为社会所有，从而把这一切对于传授遗产的关切减少到最低限度。可是，既然专偶制是由于经济的原因而产生的，那么当这种原因消失的时候，它是不是也要消失呢？

可以不无理由地回答：它不仅不会消失，而且相反，只有那时它才能完全地实现。因为随着生产资料转归社会所有，雇佣劳动、无产阶级，从而一定数量的——用统计方法可以计算出来的——妇女为金钱而献身的必要性，也要消失了。卖淫将要消失，而专偶制不仅不会灭亡，而且最后对于男子也将成为现实。

这样一来，男子的地位无论如何要发生很大的变化。而妇女的地位，一切妇女的地位也要发生很大的转变。随着生产资料转归公有，个体家庭就不再是社会的经济单位了。私人的家务变为社会的事业。孩子的抚养和教育成为公共的事情；社会同等地关怀一切儿童，无论是婚生的还是非婚生的。因此，对于"后果"的担心也就消除了，这种担心在今天成了妨碍少女毫无顾虑地委身于所爱的男子的最重要的社会因素——既是道德的也是经济的因素。那么，会不会由于这个原因，就足以逐渐产生更随便的性关系，从而也逐渐产生对处女的荣誉和女性的羞耻都更加马虎的社会舆论呢？最后，难道我们没有看见，在现代世界上专偶制和卖淫虽然是对立物，却是不可分离的对立物，是同一社会秩序的两极吗？能叫卖淫消失而不叫专偶制与它同归于尽吗？

在这里，一个在专偶制发展的时候最多只处于萌芽状态的新的因素——个人的性爱，开始发生作用了。

在中世纪以前，是谈不到个人的性爱的。不言而喻，形体的美丽、亲密的交往、融洽的性情等等，都曾引起异性对于发生性关系的热望；同谁发生这种最亲密的关系，无论对男子还是对女子都不是完全无所谓的。但是这距离现代的性爱还很远很远。在整个古代，婚姻都是由父母为当事人缔结的，当事人则安心顺从。古代所仅有的那一点夫妇之爱，并不是主观的爱好，而是客观的义务；不是婚姻的基础，而是婚姻的附加物。现代意义上的爱情关系，在古代只是在官方社会以外才有。忒俄克里托斯和莫斯库斯曾歌颂其爱情的喜悦和痛苦的那些牧人，朗格的达夫尼斯和赫洛娅，全都是不参与国家事务，不参与自由民活动的奴隶。而除去奴隶以外，我们所遇到的爱情纠纷只是灭亡中的古代世界解体的产物，而且是与同样也处在官方社会以外的妇女，与淫游女，即异地妇女或被释女奴隶发生的纠纷：在雅典是从它灭亡的前夜开始，在罗马是在帝政时期。如果说在自由民男女之间确实发生过爱情纠纷，那只是就婚后通奸而言的。所以，对于那位古代的古典爱情诗人老阿那克里翁来说，现代意义上的性爱竟是如此无关紧要，以致被爱者的性别对于他来说也成了无关紧要的事情。

现代的性爱，同古代人的单纯的性要求，同厄洛斯［情欲］，是根本不同的。第一，性爱是以所爱者的对应的爱为前提的；从这方面说，妇女处于同男子平等的地位，而在古代的厄洛斯时代，决不是一向都征求妇女同意的。第二，性爱常常达到这样强烈和持久的程度，如果不能结合而彼此分离，对双方来说即使不是一个最大的不幸，也是一个大不幸；为了能彼此结合，双方甘冒很大的危险，直至拿生命孤注一掷，而这种事情在古代充其量只是在通奸的场合才会发生。最后，对于性关系的评价，产生了一种新的道德标准，人们不仅要问：它是婚姻的还是私通的，而且要问：是不是由于爱和对应的爱而发生的？自然，在封建的或资产阶级的实践中，这个新的标准，并不比其他一切道德标准的境遇更好——人们对它视若无睹。不过，它的境遇也并非更坏；它和其他道德标准一样——在理论上，在字面上，也是被承认的。而更高的要求目前它就不能提了。

中世纪是从具有性爱的萌芽的古代世界停止前进的地方接着向前走的，它以通奸的方式接着前进。我们已经叙述过那创造了破晓歌的骑士之爱。从这种力图破坏婚姻的爱情，到那种应该成为婚姻的基础的爱情，还有一段漫长的路程，这段路程骑士们将永远走不到尽头。甚至我们由轻浮的罗曼语各民族进而考察有德行的德意志人时，在《尼贝龙根之歌》中也可以发现，克里姆希耳德虽然暗中钟情于齐格弗里特，而且不亚于齐格弗里特对她的钟情，但是当贡特尔宣布已把她许配给一个骑士（他没有说出他的名字）时，她却简单地回答道：

　　"您不必问我；您要我怎样，我总是照办；老爷，您要我嫁给谁，我就乐意和他订婚。"①

　　她甚至连想也没有想，她的爱情在这里是可以加以考虑的。贡特尔向布龙希耳德求婚，埃策耳向克里姆希耳德求婚，他们一次也不曾见过她们；同样，在《古德龙》中，爱尔兰的齐格班特向挪威的乌黛求婚，黑盖林格的黑特耳向爱尔兰的希尔达求婚，以及莫尔兰的齐格弗里特、诺曼的哈尔特木特和西兰的黑尔维希向古德龙求婚，都是如此；而这里第一次出现古德龙自愿嫁给黑尔维希。按照通例，年轻王公的未婚妻都是由父母选择的，只要父母还活着；否则他就同大诸侯们商议，自行选择，大诸侯们的意见在一切场合总是起着很大的作用。而且也不能不如此。对于骑士或男爵，像对于王公一样，结婚是一种政治行为，是一种借新的联姻来扩大自己势力的机会；起决定作用的是家族的利益，而决不是个人的意愿。在这种条件下，爱情怎能对婚姻问题有最后决定权呢？

　　中世纪城市的行会师傅也是如此。单是保护着他的那些特权，带有各种限制的行会条例，在法律上把他同别的行会，或者同本行会的同事，或者同他的帮

_____

　　① 《尼贝龙根之歌》第10首歌。——编者注

工和学徒分开的种种人为的界限，就大大缩小了他寻求适当的妻子的范围。至于这些女子当中谁是最适当的，在这种错综复杂的体系下，决定这个问题的绝对不是他个人的意愿，而是家庭的利益。

因此，直到中世纪末期，在绝大多数场合，婚姻的缔结仍然和最初一样，不是由当事人决定的事情。起初，人们一出世就已经结了婚——同整个一群异性结了婚。在较后的各种群婚形式中，大概仍然存在着类似的状态，只是群的范围逐渐缩小罢了。在对偶婚之下，通例是由母亲给自己的子女说定婚事；在这里关于新的亲戚关系的考虑也起着决定的作用，这种新的亲戚关系应该使年轻夫妇在氏族和部落中占有更牢固的地位。当父权制和专偶制随着私有财产的分量超过共同财产以及随着对继承权的关切而占了统治地位的时候，结婚便更加依经济上的考虑为转移了。买卖婚姻的形式正在消失，但它的实质却在越来越大的范围内实现，以致不仅对妇女，而且对男子都规定了价格，而且不是根据他们的个人品质，而是根据他们的财产来规定价格。当事人双方的相互爱慕应当高于其他一切而成为婚姻基础的事情，在统治阶级的实践中是自古以来都没有的。至多只是在浪漫故事中，或者在不受重视的被压迫阶级中，才有这样的事情。

这就是从地理发现的时代起，资本主义生产通过世界贸易和工场手工业而准备取得在世界上的统治地位的时候它所遇到的状况。人们想必认为，这种结婚方式对于资本主义生产是非常合适的，而事实上也确实如此。但是——世界历史的讽刺神秘莫测——正是资本主义生产注定要把这种结婚方式打开一个决定性的缺口。它把一切都变成了商品，从而消灭了过去留传下来的一切古老的关系，它用买卖、"自由"契约代替了世代相因的习俗，历史的法。英国的法学家亨·萨·梅恩说，同以前的各个时代相比，我们的全部进步就在于从身份进到契约，从过去留传下来的状态进到自由契约所规定的状态。① 他自以为他的这种说法是一个伟大的发现，其实，这一点，就其正确之处而言，在《共产主义宣言》② 中早已说过了③。

　　然而，只有能够自由地支配自己的人身、行动和财产并且彼此权利平等的人们才能缔结契约。创造这种"自由"和"平等"的人们，正是资本主义生产的主要工作之一。虽然这在最初不过是半自觉地发生的，并且穿上了宗教的外衣，但是自路德和加尔文的宗教

---

　　① 参看亨·萨·梅恩《古代法：它与社会早期历史的联系和它与现代观念的关系》1866 年伦敦第 3 版第 170 页。——编者注
　　② 即《共产党宣言》。——编者注
　　③ 见《马克思恩格斯文集》第 2 卷第 31—43 页。——编者注

改革以来，就牢固地确立了一个原则，即一个人只有在他以完全自由的意志去行动时，他才能对他的这些行动负完全的责任，而对于任何强迫人从事不道德行为的做法进行反抗，乃是道德上的义务。但是这同迄今为止的订立婚约的实践怎么能协调起来呢？按照资产阶级的理解，婚姻是一种契约，是一种法律行为，而且是一种最重要的法律行为，因为它就两个人终身的肉体和精神的问题作出规定。虽然这种契约那时在形式上是自愿缔结的；没有当事人双方的同意就不能解决问题。不过人人都非常明白，这一同意是如何取得的，实际上是谁在订立婚约。然而，在缔结别的契约时要求真正自由的决定，那么在订立婚约时为什么不要求这种自由呢？难道两个将要被撮合的青年人没有权利自由地支配他们自己、他们的身体以及身体的器官吗？难道性爱不是由于骑士而成为时髦，与骑士的通奸之爱相比，难道夫妇之爱不是性爱的正确的资产阶级形式吗？既然彼此相爱是夫妇的义务，那么相爱者彼此结婚而不是同任何别人结婚不同样也是他们的义务吗？难道相爱者的这种权利不是高于父母、亲属以及其他传统的婚姻中介人和媒妁的权利吗？既然自由的、个人审定的权利已经无礼地侵入教会和宗教的领域，它怎么能在老一代支配下一代的肉体、灵魂、财产、幸福和不幸这种无法容忍的要求面前停步呢？

这些问题，在社会的一切旧有的联系正在松弛，一切因袭的观念正在动摇的时候，是必然要提出来的。世界一下子大了差不多十倍；现在展现在西欧人眼前的，已不是一个半球的四分之一，而是整个地球了，他们正忙着去占据其余的七个四分之一。传统的中世纪思想方式的千年藩篱，同旧日的狭隘的故乡藩篱一样崩溃了。在人的外在的眼睛和内心的眼睛前面，都展开了无比广大的视野。在为印度的财富、墨西哥和波托西的金矿银矿所引诱的青年男子看来，尊长们的赞许以及世代相传的荣耀的行会特权能有什么意义呢？这是资产阶级的漫游骑士的时代；这个时代也有自己的浪漫故事和爱情幻想，但都是按照资产阶级的方式，而且归根到底是抱着资产阶级的目的的。

于是就发生了这样的情况：正在兴起的资产阶级，特别是在现存制度最受动摇的新教国家里，都越来越承认在婚姻方面也有缔结契约的自由，并用上述方式来实现这一自由。婚姻仍然是阶级的婚姻，但在阶级内部则承认当事者享有某种程度的选择的自由。在字面上，在道德理论上以及在诗歌描写上，再也没有比认为不以夫妻相互性爱和真正自由的协议为基础的任何婚姻都是不道德的那种观念更加牢固而不可动摇的了。总之，恋爱婚姻被宣布为人权，并且不仅是 droit de l'homme①，而且在例外的情况下也是妇女的权利。

但是，这种人权有一点是与其他一切所谓人权不同的。当后者实际上只限于统治阶级即资产阶级，而对于被压迫阶级即无产阶级则直接或间接地被削减了的时候，历史的讽刺又应验了。统治阶级仍然为众所周知的经济影响所支配，因此在他们中间，真正自由缔结的婚姻只是例外，而在被统治阶级中间，像我们所已看到的，这种婚姻却是通例。

因此，结婚的充分自由，只有在消灭了资本主义生产和它所造成的财产关系，从而把今日对选择配偶还有巨大影响的一切附加的经济考虑消除以后，才能普遍实现。到那时，除了相互的爱慕以外，就再也不会有别的动机了。

既然性爱按其本性来说就是排他的——虽然这种排他性今日只是在妇女身上无例外地得到实现——，那么，以性爱为基础的婚姻，按其本性来说就是个体婚姻。我们已经看到，巴霍芬认为由群婚向个体婚过渡这一进步主要应归功于妇女，是多么的正确；只有由对偶婚制向专偶制的进步才是男子的功劳；在历史上，后一进步实质上是使妇女地位恶化，而便利了男子的

---

① "droit de l'homme"既有"人的权利"的意思，也有"男子的权利"的意思。——编者注

不忠实。因此，那种迫使妇女容忍男子的这些通常的不忠实行为的经济考虑——例如对自己的生活，特别是对自己子女的未来的担心——一旦消失，那么由此而达到的妇女的平等地位，根据以往的全部经验来判断，与其说会促进妇女的多夫制，倒不如说会在无比大的程度上促进男子的真正的专偶制。

但是，专偶制完全肯定地将要失掉的东西，就是它因起源于财产关系而被烙上的全部特征，这些特征是：第一，男子的统治，第二，婚姻的不可解除性。男子在婚姻上的统治完全是他的经济统治的结果，它将自然地随着后者的消失而消失。婚姻的不可解除性，部分地是专偶制所赖以产生的经济状况的结果，部分地是这种经济状况和专偶制之间的联系还没有被正确地理解并且被宗教加以夸大的那个时代留下的传统。这种不可解除性现在就已经遭到千万次的破坏了。如果说只有以爱情为基础的婚姻才是合乎道德的，那么也只有继续保持爱情的婚姻才合乎道德。不过，个人性爱的持久性在各个不同的个人中间，尤其在男子中间，是很不相同的，如果感情确实已经消失或者已经被新的热烈的爱情所排挤，那就会使离婚无论对于双方或对于社会都成为幸事。只是要使人们免于陷入离婚诉讼的无益的泥潭才好。

这样，我们现在关于资本主义生产行将消灭以后的两性关系的秩序所能推想的，主要是否定性质的，大都限于将要消失的东西。但是，取而代之的将是什么呢？这要在新的一代成长起来的时候才能确定：这一代男子一生中将永远不会用金钱或其他社会权力手段去买得妇女的献身；而这一代妇女除了真正的爱情以外，也永远不会再出于其他某种考虑而委身于男子，或者由于担心经济后果而拒绝委身于她所爱的男子。这样的人们一经出现，对于今日人们认为他们应该做的一切，他们都将不去理会，他们自己将做出他们自己的实践，并且造成他们的与此相适应的关于个人实践的社会舆论——如此而已。

现在让我们再回过来谈摩尔根吧，我们已经把他丢开很远了。对于在文明时期发展起来的社会制度进行历史的考察，是超出了他的著作的范围的。所以，他只是非常简单地论述了一下专偶制在这一时期的命运。他也认为专偶制家庭的进一步发展是一种进步，是一种向两性权利完全平等的接近，而这一目标他并不认为已经达到了。不过，他说：

"如果承认家庭已经依次经过四种形式而现在正处在第五种形式中这一事实，那就要产生一个问题：这一形式在将来会不会永久存在？可能的答案只有一个：它正如迄今的情形一样，一定要随着社会的发展而发展，随着社会的变化而变化。它是社会制度的产物，它将反映社会制度的发展状况。

既然专偶制家庭从文明时代开始以来，已经改进了，而在现代特别显著，那么我们至少可以推测，它能够进一步完善，直至达到两性的平等为止。如果专偶制家庭在遥远的将来不能满足社会的需要，那也无法预言，它的后继者将具有什么性质了。"①

——节选自《马克思恩格斯文集》第 4 卷，人民出版社 2009 年版，第 85—97 页。

---

① 路·亨·摩尔根《古代社会》1877 年伦敦版第 491—492 页，并参看马克思《路易斯·亨·摩尔根〈古代社会〉一书摘要》（《马克思恩格斯全集》中文第 1 版第 45 卷第 375 页）。——编者注

后　记

当我想起用《女性的星空》这个题目时，我兴奋了很久。后来我又想了很久，我有什么好兴奋的呢？仅仅是因为想到了一个好的题目，一个好的创意吗？

绝不是！是因为我终于找到机会，吐露我的心声，向身边的女性朋友以及不认识的女性读者表达敬意！我深知对于一个男性学者而言，写女性问题是出力不讨好的事情，果不其然，我写得异常艰辛，甚至遭遇了写作的"滑铁卢"，但我最终还是撑了过去，支撑我的力量就在于此！

多年来，当我见到素未谋面的女性，我从不从坏的、恶的、丑的角度去揣测她们，我把她们都看成好的、善的、美的！把人当好人看，把事往好处想，在对待女性身上，我一直坚持着，这似乎是一种天然的情感，是理性一直没有压制下去的感性！

但这本小册子可能会让一些女性读者失望了。它并不像流行于市面上的女性读物，它不探讨女性的魅力、气质、美容、保健、流行、时尚、心理等问题，我也写不出那样的女性作品，因为我根本走不到她们的世界。

它不关注女孩、女人、女神、女汉子或妇女个体的身心，它关注整个女性的政治社会地位，关注性别之间的公平公正。一旦关注这样的问题，这本书就注定谈的不是轻松的话题，而是沉重的话题；不是皆大欢喜的话题，而是充满争议的话题。

这样的话题不可能设定美好，只能是直视社会的缺陷，揭开两性关系的冲突。我们希望两性之间没有矛盾，我们渴望性别平等、和谐、差异、尊重，但我们不得不重视问题本身的存在。

作为男人，不能成为女人，但可以成为女性主义者（不是激进的而是温和的），为女性的权利鼓与呼！我们都有或应该有一个梦想，让自己身边的女性获得幸福，正如女性都有或应该有一个梦想，让自己身边的男性获得幸福一样！

题目叫《女性的星空》，寄托着美好的未来，既表达了我对女性世界的未知，又表达了我对女性未来境遇的期盼。我仰望星空，仰望女性，感叹她们的身体，感叹她们的情感，感叹她们的心理，感叹她们与男性不一样的美丽存在。

最后要说的是，就写作的顺序而言，这是《经典悦读系列丛书》的最后一本了！我把这套书作为一项事业、一项工程去打造，它共有十六本，我用心尽力写了十本，不断转换关键词，以女性问题作为结束，也算是画上了一个虽有缺憾但相对圆满的句号！

我很高兴终于从这批凝结愁绪、心血、精力的小册子中走出来了！我可以抽出身来，去做其他的事情了！

陈培永

2016 年 3 月于北京西长安街 5 号

2022 年 8 月修订于北京大学燕北园